Sobre a educação

FUNDAÇÃO EDITORA DA UNESP

Presidente do Conselho Curador
Mário Sérgio Vasconcelos

Diretor-Presidente
José Castilho Marques Neto

Editor-Executivo
Jézio Hernani Bomfim Gutierre

Superintendente Administrativo e Financeiro
William de Souza Agostinho

Assessores Editoriais
João Luís Ceccantini
Maria Candida Soares Del Masso

Conselho Editorial Acadêmico
Áureo Busetto
Carlos Magno Castelo Branco Fortaleza
Elisabete Maniglia
Henrique Nunes de Oliveira
João Francisco Galera Monico
José Leonardo do Nascimento
Lourenço Chacon Jurado Filho
Maria de Lourdes Ortiz Gandini Baldan
Paula da Cruz Landim
Rogério Rosenfeld

Editores-Assistentes
Anderson Nobara
Jorge Pereira Filho
Leandro Rodrigues

BERTRAND RUSSELL

Sobre a educação

Tradução
Renato Prelorentzou

© 2010 The Bertrand Russell Peace Foundation Ltd.
Todos os direitos reservados.
Tradução autorizada da edição em inglês publicada pela Routledge,
membro da Taylor & Francis Group.
© 2013 Editora Unesp

Título original: *On Education*

Direitos de publicação reservados à:
Fundação Editora da Unesp (FEU)
Praça da Sé, 108
01001-900 – São Paulo – SP
Tel.: (0xII) 3242-7171
Fax: (0xII) 3242-7172
www.editoraunesp.com.br
www.livrariaunesp.com.br
feu@editora.unesp.br

CIP – Brasil. Catalogação na publicação
Sindicato Nacional dos Editores de Livros, RJ

R925s

Russell, Bertrand, 1872-1970
  Sobre a educação / Bertrand Russell; tradução Renato Prelorentzou.
– 1.ed. – São Paulo: Editora Unesp, 2014.

  Tradução de: *On Education*
  ISBN 978-85-393-0555-1

  1. Filosofia – História. 2. Filosofia – Obras ilustradas. 3. Educação. I. Título.

14-14016   CDD: 190
                                                       CDU: 1

Editora afiliada:

Sumário

Introdução   7

PRIMEIRA PARTE – IDEAIS EDUCACIONAIS   11
1. Postulados da teoria educacional moderna   13
2. Os objetivos da educação   37

SEGUNDA PARTE – EDUCAÇÃO DO CARÁTER   67
3. O primeiro ano   69
4. Medo   81
5. Brincadeira e fantasia   99
6. Construtividade   111
7. Egoísmo e propriedade   121
8. Verdade   131
9. Castigos   139
10. A importância das outras crianças   149
11. Afeto e empatia   157
12. Educação sexual   175
13. A escola maternal   185

TERCEIRA PARTE – EDUCAÇÃO INTELECTUAL   197
14. Princípios gerais   199
15. O currículo escolar antes dos 14 anos de idade   215
16. Os últimos anos de escola   229
17. Externatos e internatos   241
18. A universidade   249
19. Conclusão   261

Referências bibliográficas   267

Introdução

Deve haver no mundo muitos pais que, assim como este autor, têm filhos pequenos a quem querem educar da melhor maneira possível, mas que relutam em expô-los aos males da maioria das instituições educacionais existentes. As dificuldades desses pais não se solucionam por meio de nenhum esforço da parte de indivíduos isolados. É possível, certamente, educar os filhos em casa, com governantas e tutores, mas esse plano priva as crianças da companhia que sua natureza requer e sem a qual ficarão faltando alguns dos elementos essenciais da educação. Além disso, é extremamente ruim para um garoto ou uma garota se sentir "estranho" e diferente dos outros garotos e garotas; e, quando os pais são identificados como causa desse sentimento, é quase certo que surja um ressentimento contra eles, levando os filhos a amarem tudo de que os pais não gostam. Essas considerações podem fazer que pais conscienciosos mandem os filhos e filhas para escolas nas quais veem graves defeitos, simplesmente porque nenhuma escola existente lhes parece satisfatória – ou, se alguma lhes parece satisfatória, não está localizada na vizinhança. Assim, a causa da reforma educacional se impõe aos pais conscienciosos, não apenas pelo bem da comunidade, mas também pelo bem de seus próprios filhos. Se os pais forem abastados, não será necessário, para a solução de seu problema particular, que *todas* as escolas sejam boas, mas apenas que haja algumas escolas boas e geograficamente viáveis. Mas, para pais assalariados, só adiantará a reforma das escolas elementares. Como um pai irá se opor à reforma que outro pai deseja, nada terá grande serventia, a não ser uma propaganda educacional enérgica, a qual dificilmente provará sua eficácia antes de os filhos do reformador chegarem à idade adulta. Assim, pelo amor aos nossos filhos, somos guiados, passo a passo, para uma esfera mais ampla de política e filosofia.

Nas páginas que se seguem, desejo ficar o mais distante possível dessa esfera mais ampla. A maior parte do que tenho a dizer não dependerá das opiniões que eu possa ter a respeito das grandes controvérsias de nosso tempo. Mas a *completa* independência, nesse campo, é impossível. A educação que desejamos para nossos filhos deve depender de nossos ideais quanto ao caráter humano e de nossas esperanças quanto ao papel que eles deverão desempenhar na comunidade. Um pacifista não irá querer para seus filhos a educação que parece boa a um militarista; o ponto de vista educacional de um comunista não será o mesmo de um individualista. Para descermos a um nível mais fundamental: não poderá haver concordância entre aqueles que veem a educação como um meio de inculcar certas crenças definidas e aqueles que pensam que a educação deveria produzir o poder do julgamento independente. Quando essas questões são importantes, é inútil tentar diminuí-las. Ao mesmo tempo, há um corpo considerável de novos conhecimentos em psicologia e pedagogia que independem dessas questões e se relacionam intimamente com a educação. Esses conhecimentos já produziram resultados de bastante relevância, mas ainda resta muito a se fazer para que seus ensinamentos sejam assimilados por completo. Isso é especialmente verdadeiro para os primeiros cinco anos de vida; descobriu-se que esses anos têm uma importância muito maior do que antes se lhes atribuía, o que implica um aumento correspondente da importância educacional dos pais. Meu propósito será, sempre que possível, evitar questões controversas. A escrita polêmica é necessária em algumas esferas, mas, em um texto endereçado aos pais, pode-se assumir o desejo sincero pelo bem-estar de sua prole, e isso já será, em conjunto com o conhecimento moderno, suficiente para resolver um grande número de problemas educacionais. O que tenho a dizer é resultado das perplexidades que vivi com meus próprios filhos; não é, portanto, vago nem teórico e poderá, assim espero, ajudar a esclarecer os pensamentos de outros pais que se deparam com perplexidades semelhantes, seja em concordância com minhas conclusões, ou em desacordo com elas. As opiniões dos pais são imensamente importantes, porque muitas vezes eles são, por falta de experiência e conhecimento, um entrave aos melhores educadores. Se os pais quiserem dar uma boa educação para seus filhos, não faltarão, tenho certeza, professores dispostos e capazes de oferecê-la.

Nas páginas seguintes, proponho considerar, antes de tudo, os objetivos da educação: o tipo de indivíduos e o tipo de comunidade que podemos, com razão, esperar que sejam produzidos pela educação aplicada à matéria-prima atual. Irei ignorar a questão do melhoramento da raça, seja pela eugenia, seja por qualquer outro processo, natural ou artificial, pois isso está essencialmente fora do problema da educação. Mas darei grande peso às descobertas psicológicas modernas que tendem a demonstrar que o caráter é determinado pela primeira educação em uma medida muito maior do que pensavam os educadores mais entusiasmados das gerações passadas. Farei uma distinção entre educação do caráter e educação do conhecimento, que pode ser chamada de instrução em *stricto sensu*. A distinção é útil, embora não definitiva: algumas virtudes são necessárias ao aluno que será instruído, e muito conhecimento é necessário à prática exitosa de muitas virtudes importantes. Para o debate, porém, pode-se separar instrução e educação do caráter. Tratarei, primeiro, da educação do caráter, porque ela é especialmente relevante nos primeiros anos; mas irei estendê-la até a adolescência e abordar, sob este tópico, a importante questão da educação sexual. Por fim, irei discutir a educação intelectual, seus objetivos, seu currículo e suas possibilidades, desde as primeiras lições sobre ler e escrever até o último ano da universidade. A educação adicional que homens e mulheres sorvem da vida e do mundo, devo considerá-la exterior ao meu escopo; mas fazer com que homens e mulheres sejam capazes de aprender com a experiência deveria ser um dos objetivos mais visados pela primeira educação.

Primeira parte
Ideais educacionais

1.
Postulados da teoria educacional moderna

Ao lermos tratados sobre educação escritos antigamente, até mesmo os melhores, notamos que ocorreram certas mudanças na teoria educacional. Os dois maiores reformadores de tal teoria antes do século XIX foram Locke e Rousseau. Ambos mereceram a reputação, pois repudiaram muitos dos erros amplamente difundidos na época em que escreveram. Mas nenhum dos dois foi tão longe em seu caminho quanto vão quase todos os educadores modernos. Ambos, por exemplo, pertenceram à tendência que levou ao liberalismo e à democracia; mesmo assim, só pensaram na educação do garoto aristocrata, à qual um homem dedicava todo o seu tempo. Por melhores que fossem os resultados desse sistema, ninguém que possua uma visão moderna poderia considerá-lo com seriedade, porque é aritmeticamente impossível que cada criança absorva todo o tempo de um tutor. Esse sistema, portanto, só pode ser empregado por uma casta privilegiada; em um mundo justo, sua existência seria impossível. O homem moderno, ainda que possa procurar, na prática, vantagens especiais para seus próprios filhos, não irá considerar que o problema teórico esteja resolvido até que algum método possa oferecer educação a todos, ou pelo menos a todos cujas capacidades os tornem capazes de aproveitá-la. Não quero dizer que os abastados devam, aqui e agora, abrir mão das oportunidades educacionais que, no mundo de hoje, não estão abertas a todos. Fazê-lo seria sacrificar a civilização à justiça. O que quero dizer é que o sistema educacional que devemos tentar produzir no futuro terá de dar a todo garoto e toda garota as melhores oportunidades possíveis. O sistema de educação ideal deve ser democrático, mesmo que esse ideal não seja imediatamente realizável. Creio que, nos dias de hoje, essa ideia seria amplamente aceita. Nesse sentido, vou manter a democracia em vista. Tudo o que defenderei poderá um dia se tornar universal, apesar de o indivíduo não dever, nesse meio-tempo, sacrificar seus filhos à incorreção, se ele tiver a inteligência e a oportunidade para lhes garantir algo melhor. Nem mesmo essa forma bastante atenuada de princípio democrático se encontra nos tratados de Locke e Rousseau. Embora este último não acreditasse na aristocracia, ele jamais refletiu sobre as implicações dessa sua descrença no campo da educação.

Essa questão de democracia e educação é daquelas para as quais a clareza se faz importante. Seria desastroso insistir em uma uniformidade total. Alguns garotos e garotas são mais perspicazes do que outros e podem obter maior benefício da educação superior. Alguns professores foram mais treinados ou têm mais aptidão inata do que outros, mas é impossível que todos os alunos aprendam com esses mesmos poucos professores mais bem qualificados. Mesmo que a educação superior fosse desejável para todos, coisa de que duvido, é impossível que todos a tenham no presente e, portanto, uma aplicação crua dos princípios democráticos poderia levar à conclusão de que ninguém deveria tê-la. Tal visão, se adotada, seria fatal ao progresso científico e faria com que o nível geral da educação daqui a cem anos fosse desnecessariamente baixo. Não se deve sacrificar o progresso à igualdade mecânica do momento presente; precisamos nos aproximar da democracia educacional com cuidado, para que, durante o processo, destruamos o mínimo possível os valiosos produtos que possam se associar à injustiça social.

Mas não podemos considerar satisfatório um método de educação se este não puder ser universal. Os filhos dos ricos muitas vezes têm, além da mãe, uma babá, uma criada, e ainda uma parte do tempo dos outros empregados domésticos; isso implica uma quantidade de atenção que jamais poderia ser dada a todas as crianças, em nenhum sistema social. É de se duvidar que crianças tão cuidadosamente tratadas se beneficiem, de fato, por se fazerem desnecessariamente parasitárias, mas, de qualquer forma, nenhuma pessoa imparcial poderia recomendar vantagens especiais para uns poucos, exceto por motivos especiais, tais como debilidade mental ou genialidade. Nos dias de hoje, um pai sábio provavelmente escolherá, se puder, um método de educação para seus filhos que não seja de fato universal, e, para o bem da experiência, é desejável que esses pais tenham oportunidade de tentar métodos novos. Mas estes, se vierem a produzir bons resultados, deverão se tornar universais, e não ficarem por sua natureza restritos a uns poucos privilegiados. Felizmente, alguns dos melhores elementos da teoria e da prática da educação moderna tiveram uma origem extremamente democrática: o trabalho de Madame Montessori, por exemplo, começou em escolas infantis de bairros pobres. Na educação superior, é indispensável dar oportunidade excepcional para a habilidade excepcional, mas, fora isso, não há nenhuma razão pela qual uma criança deva sofrer com a adoção de sistemas que possam ser adotados por todos.

Na educação moderna há uma outra tendência que está relacionada à democracia, mas que talvez esteja mais sujeita à discussão: refiro-me à tendência de tornar a educação útil, e não apenas ornamental. A relação do ornamental com a aristocracia foi esclarecida com todo rigor por Veblen em *Theory of the Leisure Class*[1] [Teoria da classe ociosa], mas o que nos interessa aqui é apenas o aspecto educacional dessa relação. Na educação masculina, o tema se liga à controvérsia entre uma educação "clássica" e outra, moderna; na educação das moças, faz parte de um conflito entre o ideal de "dama de boa família" e o desejo de preparar as garotas para que sejam capazes de se sustentar. Mas, no que diz respeito às mulheres, todo o problema educacional vem sendo distorcido pelo anseio de igualdade entre os sexos: existe uma tentativa de lhes proporcionar a mesma educação dada aos garotos, mesmo quando isso não é, de forma alguma, aconselhável. Em consequência, educadores de mulheres têm procurado dar a suas alunas o tal conhecimento "inútil" dado aos garotos da mesma classe e vêm sendo severos opositores da noção de que uma parte da educação feminina deva ser um treinamento técnico para a maternidade. Essas contracorrentes fazem com que a tendência que agora examino seja, sob alguns aspectos, menos marcante no que concerne às mulheres, embora a decadência do ideal de "grande dama" seja um de seus mais notáveis exemplos. Para evitar confusões no tema, irei, no momento, limitar-me à educação masculina.

---

1 Veblen, *The Theory of the Leisure Class: An Economic Study of Institutions*.

Sobre a educação

Muitas controvérsias distintas, nas quais surgem outras questões, são, em parte, dependentes de nosso problema em questão. Devem os garotos aprender, acima de tudo, os clássicos ou a ciência? Entre outras considerações, há a de que os clássicos são ornamentais e a ciência, útil. Deve a educação, o quanto antes, transformar-se em instrução técnica para ofícios ou profissões liberais? Nesse ponto, mais uma vez, a controvérsia entre o útil e o ornamental é relevante, ainda que não decisiva. Devem as crianças aprender a se expressar corretamente e a ter boas maneiras, ou isso não passa de relíquias da aristocracia? A apreciação da arte é coisa que tem algum valor para alguém além do artista? A ortografia deveria ser fonética? Todas essas e muitas outras controvérsias podem ser discutidas, pelo menos em parte, nos termos da polêmica entre o útil e o ornamental.

Mesmo assim, creio que toda essa controvérsia é ilusória. Ela se desfaz tão logo os termos sejam definidos. Se interpretarmos o "útil" de modo amplo e o "ornamental" de modo estrito, um lado vencerá; se fizermos a interpretação contrária, vencerá o outro lado. No sentido mais amplo e correto da palavra, uma atividade é "útil" quando dá bons resultados. E esses resultados devem ser "bons" em algum outro sentido além do meramente "útil", pois, do contrário, não teríamos uma definição verdadeira. Não podemos dizer que uma atividade útil é aquela que produz resultados úteis. A essência do "útil" é contribuir para alguns resultados que não sejam meramente úteis. Às vezes, é necessária uma longa cadeia de resultados antes de se alcançar um resultado final que possa ser chamado simplesmente de "bom". Um arado é útil porque revolve a terra. Mas o revolver da terra não é bom por si mesmo; só é útil porque permite que se semeie a semente. Isso é útil porque produz o grão, que é útil porque produz o pão, que é útil porque preserva a vida. Mas a vida deve ser capaz de algum valor intrínseco: se a vida for meramente útil como meio para outra vida, não será útil, de forma alguma. A vida pode ser boa ou ruim, de acordo com as circunstâncias; ela pode, portanto, ser útil, quando servir de meio para uma vida melhor. Em algum ponto, precisamos ir além da corrente de utilidades sucessivas e encontrar um gancho no qual pendurar essa corrente; caso contrário, não haverá nenhuma utilidade real em nenhum de seus elos. Quando o "útil" é definido dessa maneira, não pode haver dúvida de que a educação deve ser útil. É claro que deve, pois o processo de educação é um meio para um fim, não um fim em si. Mas não é exatamente isso o que os defensores da utilidade na educação têm em mente. O que eles exigem é que o *resultado* da educação seja útil: falando francamente, diriam que um homem educado é aquele que sabe construir máquinas. Se perguntarmos qual é a utilidade das máquinas, a resposta, em última análise, será que elas produzem coisas necessárias e que proporcionam conforto para o corpo – comida, roupas, casas etc. Dessa forma, descobrimos que o defensor da utilidade, no que tange à sua visão questionável, é um homem que confere valor intrínseco apenas às satisfações físicas: o "útil", para ele, é aquilo que nos ajuda a satisfazer as necessidades e os desejos do corpo. Quando isso é realmente o que quer dizer, o defensor da utilidade está, sem dúvida, errado como enunciador de uma filosofia maior, embora possa estar certo como político, pois a satisfação das necessidades físicas talvez seja, no momento, neste mundo onde muitas pessoas estão morrendo de fome, mais urgente do que qualquer outra coisa.

Sobre a educação

O mesmo tipo de análise é necessário para examinar o outro lado dessa controvérsia. Chamar o outro lado de "ornamental" significa, por certo, concordar em um ponto com o defensor da utilidade, pois o "ornamental" é compreendido como algo mais ou menos trivial. O epíteto "ornamental" se justifica plenamente quando aplicado à concepção tradicional de *"gentleman"* ou *"lady"*. O *gentleman* do século XVIII falava com entonação refinada, citava os clássicos nas situações propícias, vestia-se a rigor, dominava a etiqueta e sabia quando um duelo poderia melhorar sua reputação. Há um homem em *The Rape of the Lock* [O rapto da madeixa] que era

Of amber snuff-box justly vain,
And the nice conduct of a clouded cane.[2]

Sua educação fora ornamental no sentido mais estrito, mas, em nossa época, poucos somos ricos o bastante para nos contentarmos com seus dons. O ideal de uma educação "ornamental", no sentido antigo, é aristocrático: pressupõe uma classe com muito dinheiro e nenhuma necessidade de trabalhar. Damas e cavalheiros finos são encantadores quando contemplados na história; suas memórias e suas casas de campo nos dão um certo tipo de prazer que já não legaremos à nossa posteridade. Mas suas excelências, mesmo quando reais, não eram de modo algum supremas e constituíam um produto inacreditavelmente caro. *Gin Lane*, de Hogarth, dá uma ideia vívida do

---

[2] Em tradução livre: "Justamente vaidoso com sua ambarina caixa de rapé / E o fino manejo da bengala de ratã". (N. T.)

preço que se pagava por elas. Hoje em dia, ninguém defenderia uma educação ornamental nesse sentido estreito.

Mas esse não é o ponto principal. O ponto principal é: deveríamos visar, na educação, ao preenchimento da mente com conhecimentos que têm utilidade prática direta, ou deveríamos tentar dar a nossos alunos poderes mentais que são bons por si mesmos? É útil saber que um pé tem 12 polegadas e que 3 pés formam 1 jarda, mas esse conhecimento não tem valor intrínseco; é absolutamente inútil àqueles que vivem onde se usa o sistema métrico. Saber apreciar *Hamlet*, por outro lado, não será de muito uso na vida prática, à exceção daqueles raros casos em que um homem é instado a matar seu tio; mas isso dá a um indivíduo um poder mental que ele lamentaria não ter e o torna, em certo sentido, um ser humano mais excelente. É este último o tipo de conhecimento preferido pelo homem que defende que a utilidade não seja a finalidade única da educação.

No debate entre os defensores de uma educação utilitária e os seus oponentes, parece haver três questões substancialmente distintas. Há, em primeiro lugar, uma espécie de debate entre aristocratas e democratas, no qual aqueles afirmam que às classes privilegiadas deve-se ensinar o emprego de seu ócio em atividades que sejam agradáveis a elas mesmas, enquanto às classes subordinadas deve-se ensinar o emprego de seu trabalho em atividades que sejam úteis aos outros. A oposição dos democratas a esse ponto de vista tende a ser um tanto confusa: eles rechaçam o ensino aristocrático do que é inútil e, ao mesmo tempo, argumentam que a educação dos assalariados não deveria se restringir ao que é útil. Assim, descobrimos uma oposição democrática à antiquada educação clássica das *public schools*, combinada a uma exigência democrática de que os trabalhadores devem ter oportunidades de aprender grego e latim. Essa atitude, ainda que possa implicar certa falta de clareza teórica, é, de modo geral, correta na prática. O democrata não quer dividir a comunidade em suas seções, uma útil e outra ornamental; ele quererá, portanto, dar mais conhecimento meramente útil às classes que antes eram meramente ornamentais e mais conhecimentos meramente agradáveis às classes que antes eram meramente úteis. Mas a democracia, *per se*, não decide as proporções nas quais esses ingredientes devem se misturar.

A segunda questão se coloca entre os homens que visam apenas aos bens materiais e os homens que dão importância aos prazeres mentais. Se um passe de mágica os transportasse para os tempos de Elizabeth, muitos ingleses e norte-americanos ricos de hoje iriam se apressar para voltar ao mundo moderno. A sociedade de Shakespeare, Raleigh e Sir Philip Sydney, da música requintada e da beleza arquitetônica não os consolaria da ausência de banheiros, chá, café, carros motorizados e outros confortos materiais que aquela sociedade desconhecia. Tais homens, exceto na medida em que são influenciados pela tradição conservadora, tendem a pensar que o propósito principal da educação é aumentar o número e a variedade de mercadorias produzidas. Eles poderão incluir aí a medicina e a higiene, mas não sentirão nenhum entusiasmo pela literatura, pela arte ou pela filosofia. Sem dúvida, esses homens têm feito grande parte da força no ataque contra o currículo clássico estabelecido na Renascença.

Não acho que seja justo fazer frente a essa atitude com a simples asserção de que os bens mentais são mais valiosos do que os puramente físicos. Creio que essa asserção é verdadeira, mas não que represente toda a verdade. Pois, se os bens físicos não têm muito valor, os males físicos podem ser tão ruins a ponto de pesarem mais do que grande parte da excelência mental. A fome, a doença e o constante medo delas têm assombrado as vidas da maioria da humanidade desde o momento em que a previsão se fez possível. Muitos pássaros morrem de fome, mas são felizes quando a comida é abundante, porque não pensam no futuro. Já os camponeses que sobreviveram a uma fome serão perpetuamente perseguidos pela memória e pela apreensão.

Para não morrer, os homens se sujeitam a labutar longas horas por uma ninharia; ao passo que os animais preferem se apegar ao prazer quando este se faz disponível, mesmo que o preço seja a morte. É assim que a maior parte dos homens tem de aturar uma vida quase inteiramente despojada de prazeres, pois, de outro modo, sua existência seria abreviada. Pela primeira vez na história, é possível agora, graças à Revolução Industrial e seus subprodutos, criar um mundo onde todos tenham uma razoável chance de felicidade. Os males físicos, se quisermos, poderão ser reduzidos a proporções muito pequenas. Seria possível, por intermédio da organização e da ciência, alimentar e abrigar toda a população mundial, sem luxo, mas com o suficiente para prevenir grandes sofrimentos. Seria possível combater as doenças e tornar muito raros os problemas de saúde crônicos. Seria possível evitar que o aumento da população superasse as melhorias no fornecimento de alimentos. Os grandes terrores que vêm obscurecendo o subconsciente da raça, trazendo consigo a crueldade, a opressão e as guerras, poderiam ser reduzidos a ponto de se tornarem desimportantes. Todas essas coisas são de um valor tão incomensurável para a vida humana que não nos atrevemos a nos opor ao tipo de educação que tende a realizá-las. Em tal educação, as ciências aplicadas terão de ser o principal ingrediente. Sem a física, a fisiologia e a psicologia, não conseguiremos construir o novo mundo. Mas poderemos construí-lo sem latim e grego, sem Dante e Shakespeare, sem Bach e Mozart. Este é o maior argumento em favor de uma educação utilitária. Afirmei-o com força porque o sinto com força. Entretanto, há um outro lado nessa questão. Qual será a vantagem de conquistar o ócio e a saúde se ninguém se lembrar de como usá-los? A guerra contra os males físicos, assim como qualquer outra guerra, não deve ser conduzida com tal fúria a ponto de incapacitar os homens para as artes da paz. Não se pode permitir que aquilo que o mundo tem de bom pereça na luta contra o mal.

Isso me leva à terceira questão implicada na controvérsia. Será verdade que apenas o conhecimento inútil seja intrinsecamente valioso? Será verdade que qualquer conhecimento intrinsecamente valioso seja inútil? De minha parte, gastei com grego e latim uma proporção considerável do tempo de minha juventude, a qual agora considero quase completamente desperdiçada. O conhecimento clássico não me forneceu nenhuma ajuda nos problemas com que me preocupei mais tarde na vida. Assim como 99% dos que estudaram os clássicos, jamais adquiri proficiência suficiente para lê-los com prazer. Aprendi coisas, tais como o genitivo de *supellex*, que nunca fui capaz de esquecer. Esse conhecimento não tem mais valor intrínseco do que o conhecimento sobre os 3 pés da jarda, e sua utilidade, para mim, ficou estritamente confinada a me proporcionar a presente ilustração. Por outro lado, o que aprendi sobre matemática e ciências tem sido não apenas de imensa utilidade como também de grande valor intrínseco, pois me forneceu elementos de contemplação e reflexão, além de pedras de toque da verdade em um mundo de ilusões. Por certo, isso é, em parte, uma idiossincrasia pessoal; mas tenho certeza de que a capacidade de tirar proveito dos clássicos é uma idiossincrasia ainda mais rara entre os homens modernos. Também a França e a Alemanha possuem literaturas valiosas; seus idiomas são facilmente aprendidos e úteis de muitas maneiras práticas. A superioridade do francês e do alemão perante o latim e o grego é, portanto, esmagadora. Sem menosprezar a importância do tipo de conhecimento que não tem utilidade prática imediata, penso que poderemos, com justiça, pleitear que tais conhecimentos, exceto na educação dos especialistas, sejam ministrados de modo a não demandar um imenso dispêndio de tempo e energia com aparatos técnicos, como a gramática, por exemplo. A soma dos conhecimentos humanos e a complexidade dos problemas humanos estão sempre aumentando; logo, cada geração deve repensar seus métodos educacionais, a fim de arranjar tempo para o estudo do novo. Temos de conservar o equilíbrio por meio de acordos conciliatórios. Os elementos humanísticos da educação devem permanecer, mas precisam ser suficientemente simplificados para abrir espaço a outros elementos, sem os quais o novo mundo propiciado pela ciência jamais poderá surgir.

Não quero sugerir que os elementos humanísticos da educação sejam menos importantes do que os elementos utilitários. Saber algo sobre a grande literatura, algo sobre a história do mundo, algo sobre música, pintura ou arquitetura é essencial, caso se queira desenvolver plenamente a vida da imaginação. E é apenas mediante a imaginação que os homens se tornam conscientes do que o mundo pode vir a ser; sem ela, o "progresso" se tornaria mecânico e trivial. Mas também a ciência pode estimular a imaginação. Quando eu era garoto, a astronomia e a geologia fizeram mais por mim, nesse aspecto, do que as literaturas da Inglaterra, da França e da Alemanha, das quais muitas obras li sob coação, sem o menor interesse. Isso é uma questão pessoal: um garoto ou garota vai receber estímulos de uma fonte, outros receberão de outras. O que sugiro é o seguinte: quando uma dificuldade técnica for indispensável para o domínio de um assunto, é melhor que o assunto seja útil, exceto no caso da formação dos especialistas. Na época do Renascimento, não havia muita literatura boa nas línguas modernas; agora há bastante. Muito do valor da tradição grega pode ser ensinado a pessoas que não sabem grego; e, quanto à tradição latina, seu valor não é assim tão grande. Devo, portanto, quando se tratar de garotos e garotas sem aptidões especiais, fornecer os elementos humanísticos da educação de modo a não envolver grande aparato de aprendizagem; a parte mais difícil da educação, nos últimos anos escolares, eu a dedicaria às matemáticas e à ciência. Mas faria exceções sempre que uma inclinação forte ou uma habilidade especial apontasse para outras direções. Acima de tudo, devem-se evitar as regras inflexíveis.

Até aqui, estivemos considerando que tipo de conhecimento deveria ser transmitido. Passarei agora a um conjunto distinto de problemas, relacionados, em parte, com os métodos de ensino e, em outra parte, com a educação moral e a formação do caráter. Aqui já não nos ocuparemos da política, mas da psicologia e da ética. A psicologia era, até muito recentemente, um saber apenas acadêmico, com quase nenhuma aplicação em termos práticos. Agora tudo isso mudou. Temos, por exemplo, a psicologia industrial, a psicologia clínica e a psicologia educacional, todas elas da maior importância prática. Podemos aguardar e ter esperança de que a influência da psicologia sobre nossas instituições cresça rapidamente em um futuro próximo. No campo da educação, em todo caso, seus efeitos já têm sido grandes e benéficos.

Vamos tomar, em primeiro lugar, a questão da "disciplina". A ideia antiga de disciplina era simples. Uma criança era obrigada a fazer algo de que não gostava, ou era privada de algo de que gostava. Quando desobedecia, sofria castigos físicos ou, em casos extremos, confinamento solitário a pão e água. Leia-se, por exemplo, o capítulo de *The Fairchild Family* [A família Fairchild] que conta como o pequeno Henry aprendeu latim. Disseram-lhe que ele jamais poderia ter esperança de vir a ser clérigo se não aprendesse a língua, mas, apesar desse argumento, o menino não se dedicava aos livros com a seriedade que seu pai desejava. Então, ele foi trancado no sótão, a pão e água, e proibido de falar com as irmãs, às quais disseram que ele estava de castigo e que elas não deviam procurá-lo. Mesmo assim, uma delas lhe trouxe comida. O lacaio a dedurou e ela também entrou em apuros. Depois de um período preso, o menino – assim nos é contado – começou a amar latim e a estudar assiduamente, para sempre. Em contraste com esta, temos a história de Tchekhov sobre seu tio, que tentou ensinar um gatinho a caçar ratos. Ele levou um rato para o quarto onde estava o gatinho, mas o instinto caçador deste ainda não estava desenvolvido e ele não deu atenção ao rato. Então, o tio deu uma surra no gatinho. O mesmo processo se repetiu no dia seguinte, e nos próximos também. Por fim, o Professor se convenceu de que o gatinho era estúpido e totalmente incapaz de aprender. Já adulto, o gatinho, apesar de normal em outros aspectos, não conseguia ver um rato sem tremer de terror e fugir. "Assim como o gatinho", conclui Tchekhov, "tive a honra de ter meu tio como professor, só que de latim." Essas duas histórias ilustram a disciplina antiga e a revolta moderna contra ela.

Mas o educador moderno não se abstém simplesmente da disciplina; ele a garante por métodos novos. E os que não estudaram os novos métodos podem ter ideias equivocadas nesse aspecto. Sempre pensei que Madame Montessori dispensava a disciplina e vivia me perguntando como ela lidava com uma sala cheia de crianças. Ao ler seu próprio relato a respeito de seus métodos, descobri que a disciplina ainda tem um papel importante em sua pedagogia e que nunca houve tentativa de dispensá-la. Quando mandei meu filho de 3 anos para passar as manhãs em uma escola Montessori, percebi que ele logo se tornou um ser humano mais disciplinado e que acedia alegremente às regras da escola. Mas ele não sentia nenhuma coação externa: as regras eram como as regras de um jogo, obedecidas como uma forma de diversão. A ideia antiga era de que as crianças possivelmente não tinham *desejo* de aprender e só podiam ser compelidas ao aprendizado por meio do terror. Descobriu-se que isso se devia inteiramente à inépcia na pedagogia. Se dividirmos o que precisa ser aprendido – ler e escrever, por exemplo – em estágios adequados, cada estágio pode se tornar agradável para a criança média. E, quando as crianças estão fazendo o que gostam, não há, é claro, motivo para se aplicar disciplina externa. Há umas poucas regras simples – nenhuma criança deve interferir na atividade de outra, nenhuma criança deve ter mais de uma atividade ao mesmo tempo – que são facilmente apreensíveis e entendidas como razoáveis, então não há dificuldade em segui-las. Assim, a criança adquire autodisciplina, a qual consiste, de uma parte, em bons hábitos e, de outra, na percepção de que, em certas circunstâncias, às vezes vale a pena resistir a um impulso momentâneo a fim de obter um ganho maior, mais tarde. Todo mundo sempre soube como é fácil obter essa autodisciplina nos jogos e brincadeiras, mas ninguém havia imaginado que a aquisição de conhecimento poderia se tornar tão interessante a ponto de pôr os mesmos móveis em ação. Agora sabemos que isso é possível e será levado a cabo não apenas na educação das crianças, mas em todas as etapas. Não vou dizer que seja fácil. As descobertas pedagógicas em tela exigiram genialidade, mas os professores que devem aplicá-las não precisarão de genialidade nenhuma. Elas demandam apenas o tipo certo de treinamento, além de um grau de empatia e paciência que não tem nada de extraordinário. A ideia fundamental é simples: a boa disciplina consiste não em coação externa, mas em hábitos mentais que conduzam, espontaneamente, mais às atividades desejáveis do que às indesejáveis. O que surpreende é o grande êxito na descoberta de métodos técnicos para aplicar essa ideia no campo da educação. Por isso, Madame Montessori merece todos os elogios.

A mudança nos métodos educacionais tem sido muito influenciada pelo declínio da crença no pecado original. A visão tradicional, hoje quase extinta, era a de que todos nascemos Filhos da Ira, com uma natureza cheia de perversidade; para que pudesse haver em nós algum bem, precisávamos nos tornar Filhos da Graça, processo que podia ser bastante acelerado pelos castigos frequentes. A maioria dos modernos mal consegue acreditar no tanto que essa teoria influenciou os educadores de nossos pais e avós. Duas citações da vida do Dr. Arnold, por Dean Stanley, vão esclarecer as coisas. Dean Stanley era o aluno favorito do Dr. Arnold, o bom menino Arthur de *Tom Brown's School Days* [Os dias de escola de Tom Brown]. Ele era primo deste escritor, e, quando garoto, foi por ele levado em passeio à Abadia de Westminster. Dr. Arnold foi o grande reformador de nossas *public schools*, consideradas uma das glórias da Inglaterra e ainda conduzidas, em grande parte, de acordo com os seus princípios. Desse modo, ao discutirmos o Dr. Arnold estamos lidando não com algo pertencente ao passado remoto, mas com uma coisa que até hoje é eficaz na modelagem dos ingleses das classes abastadas. O Dr. Arnold reduziu os castigos, restringindo os açoitamentos apenas aos garotos mais novos e limitando-os, assim nos diz seu biógrafo, "às ofensas morais, tais como a mentira, o hábito de beber e a preguiça insistente". Mas quando um jornal liberal sugeriu que os açoitamentos eram um castigo degradante e que deveria ser abolido de uma vez, ele ficou surpreendentemente indignado. E respondeu por escrito:

> Sei muito bem de que sentimento isto é a expressão; ele se origina naquela orgulhosa noção de independência pessoal que não é nem razoável nem cristã, mas essencialmente bárbara. Já andou pela Europa com todas as maldições da era da cavalaria e agora nos ameaça com as do jacobinismo [...]. Em uma época na qual é quase impossível encontrar um senso viril verdadeiro da degradação das culpas e das faltas, onde está a sabedoria de encorajar o senso fantasioso da degradação do castigo pessoal? O que poderá ser mais falso ou mais contrário à simplicidade, à sobriedade e à humildade da mente, que são os melhores ornamentos da juventude e a melhor promessa para uma maturidade nobre?

Os alunos de seus discípulos acreditavam, naturalmente, nos benefícios do açoitamento dos nativos da Índia, quando estes se mostravam deficientes na "humildade da mente".

Há uma outra passagem que já foi, em parte, citada pelo sr. Strachey em *Eminent Victorians* [Vitorianos eminentes], mas, de tão adequada, não posso me furtar a citá-la mais uma vez. O Dr. Arnold estava viajando de férias, desfrutando as belezas do Lago de Como. A forma desse prazer é registrada em uma carta à sua esposa, da seguinte maneira:

> É quase terrível olhar para a avassaladora beleza ao meu redor e, então, pensar a respeito do mal moral; parece que céu e inferno, em vez de serem separados um do outro por um grande abismo, estão totalmente nos confins um do outro e, na verdade, não muito distantes de cada um de nós. Que o senso do mal moral seja tão forte em mim quanto meu deleite pela beleza externa, pois é em um profundo senso de mal moral, talvez mais do que em qualquer outra coisa, que reside um salvador conhecimento de Deus! Não basta admirar o bem moral; podemos fazê-lo e, ainda assim, não nos conformarmos com isso; mas, se realmente abominarmos o que é mal, não as pessoas em que o mal habita, mas o mal que nelas reside, e muito mais manifesta e acertadamente para nosso conhecimento, em nosso coração – isto é ter o sentimento de Deus e de Cristo e ter nosso Espírito em harmonia com o Espírito de Deus! Ai de mim! Como é fácil vê-lo e dizê-lo – como é difícil fazê-lo e senti-lo! Quem é capaz de tudo isso? Só aquele que sente e realmente lamenta sua própria incapacidade. Deus a abençoe, minha cara esposa, e a nossos amados filhos, agora e sempre, em Jesus Cristo.

Sobre a educação

É patético imaginar esse homem, naturalmente um *gentleman*, flagelando-se em um acesso de sadismo, no qual podia, sem remorsos, açoitar meninos pequenos, e tudo isso sob a certeza de que estava agindo conforme a religião do Amor. É patético quando consideramos o indivíduo iludido; mas é trágico quando pensamos nas gerações de crueldade que ele pôs no mundo ao criar uma atmosfera de repugnância ao "mal moral", que incluía, não nos esqueçamos, a habitual preguiça das crianças. Estremeço ao pensar nas guerras, nas torturas e nas opressões de que homens justos como este se tornaram culpados, sob a certeza de que estavam honradamente castigando o "mal moral". Felizmente, os educadores já não enxergam as crianças como enviados de Satanás. Ainda há muito desta visão no que diz respeito aos adultos, especialmente na punição aos crimes; mas no berçário e na escola, ela quase desapareceu.

Existe um erro oposto ao do Dr. Arnold, muito menos pernicioso, mas, ainda assim, cientificamente, um erro: a crença de que as crianças são naturalmente virtuosas e corrompidas apenas pelo espetáculo dos vícios dos mais velhos. Essa visão é tradicionalmente associada a Rousseau; talvez ele a considerasse em abstrato, mas quando se lê *Emílio*, vê-se que o pupilo precisou de muito mais treinamento moral antes de se tornar o modelo ideal que o sistema estava destinado a produzir. O fato é que as crianças não são naturalmente "boas" nem naturalmente "más". Elas nascem somente com reflexos e uns poucos instintos; a partir daí, pela ação do meio, os hábitos se formam, podendo vir a ser saudáveis ou mórbidos. O que elas serão depende, sobretudo, da sabedoria das mães e das criadas, uma vez que a natureza da criança é, de início, incrivelmente maleável. Na imensa maioria das crianças há a matéria-prima para se formar um bom cidadão e também a matéria-prima para se formar um criminoso. A psicologia científica demonstra que o açoitamento durante a semana e os sermões aos domingos não constituem a técnica ideal para a produção da virtude. Mas não se deve inferir que não haja técnica para esse propósito. É difícil resistir à opinião de Samuel Butler de que os educadores do passado sentiam prazer em torturar as crianças; do contrário, é difícil imaginar como conseguiram persistir tanto tempo infligindo tormentos em vão. Não é difícil fazer feliz uma criança saudável, e a maioria das crianças será saudável se seus corpos e mentes receberem os cuidados apropriados. A felicidade na criança é absolutamente necessária para a produção do melhor tipo de ser humano. A preguiça habitual, que o Dr. Arnold encarava como uma forma de "mal moral", não existirá se a criança for levada a sentir que sua educação lhe ensina algo que vale a pena saber.[3] Mas se o conhecimento transmitido não tiver valor e seus transmissores parecerem tiranos cruéis, a criança se comportará, naturalmente, como o gatinho de Tchekhov. O desejo espontâneo de aprender, que toda criança normal possui, como se vê em seus esforços para andar e falar, deveria ser a força motriz da educação. A substituição da vara por essa força motriz é um dos grandes avanços de nosso tempo.

Isso me leva ao último ponto que desejo comentar neste estudo preliminar sobre as tendências modernas — refiro-me à grande atenção dada à infância. Isto está diretamente ligado à mudança nas nossas ideias a respeito da formação do caráter.

---

3 Provavelmente, muitos dos alunos do Dr. Arnold sofriam de adenoides, para as quais nenhum médico prescreveria açoitamentos, embora causem preguiça habitual.

Sobre a educação

A ideia antiga era a de que a virtude dependia essencialmente da *vontade*: supostamente, estávamos repletos de desejos maus, os quais controlávamos por meio de uma abstrata capacidade de volição. Ao que parece, acreditava-se impossível extirpar os desejos maus: tudo o que podíamos fazer era controlá-los. A situação era exatamente análoga à do criminoso com a polícia. Ninguém acreditava que seria possível uma sociedade sem criminosos em potencial: o máximo que se podia fazer era organizar uma força policial tão eficiente que a maior parte das pessoas ficasse com medo de cometer crimes, e as poucas exceções fossem presas e punidas. O criminologista psicólogo de hoje já não se contenta com essa visão; ele acredita que o impulso ao crime pode, na maioria dos casos, ter seu desenvolvimento prevenido por uma educação adequada. E o que se aplica à sociedade também se aplica ao indivíduo. As crianças, em especial, desejam que os colegas e os mais velhos gostem delas; em regra, elas têm impulsos que podem ser desenvolvidos para direções boas ou ruins, de acordo com as situações em que se encontram. Além disso, elas estão em uma idade na qual a formação dos hábitos ainda é fácil; e bons hábitos podem tornar quase automática uma grande parte da virtude. Por outro lado, descobriu-se que a velha concepção de virtude, a qual deixava desenfreados os maus desejos e apenas usava a vontade para reprimir suas manifestações, fornecia um método muito pouco satisfatório de controlar as más condutas. Como um rio represado, os maus desejos encontram algum outro canal que escapa ao olho atento da vontade. O homem que, na juventude, teve desejo de matar o pai encontra, tempos depois, satisfação em açoitar o próprio filho, sob a certeza de que está castigando o "mal moral". As teorias que justificam a crueldade quase sempre têm fonte em algum desejo desviado de seus canais naturais que se aterra e, por fim, emerge irreconhecível, disfarçado na forma de ódio ao pecado ou algo igualmente respeitável. O controle dos maus desejos pela vontade é, portanto, apesar de necessário em certas ocasiões, inadequado como técnica da virtude.

Essas considerações nos trazem à província da psicanálise. Nos pormenores da psicanálise vejo muitas coisas fantasiosas e desprovidas de evidência adequada. Mas o método geral me parece muito relevante e essencial à criação de métodos corretos de treinamento moral. A importância que muitos psicanalistas atribuem à primeira infância me parece exagerada; eles às vezes falam como se o caráter já estivesse irrevogavelmente fixo assim que a criança chega aos 3 anos de idade. Isto, tenho certeza, não está correto. Mas se trata de um erro bem-vindo. A psicologia infantil foi negligenciada no passado; na verdade, métodos intelectualistas em voga à época a tornaram quase impossível. Tomemos, por exemplo, a questão do sono. Todas as mães querem que seus filhos durmam, porque é tão saudável quanto conveniente que o façam. Para tanto, desenvolveram uma técnica: balançar o berço e cantar cantigas de ninar. Coube aos homens, que investigaram o assunto cientificamente, descobrir que essa técnica está idealmente errada, porque cria hábitos ruins, embora possa ter êxito no dia a dia. Toda criança gosta de ser o centro das atenções, pois isto satisfaz seu senso de autoimportância. Se ela descobre que, ao não dormir, garante atenção, logo aprende a adotar esse método. O resultado é prejudicial à saúde e igualmente ao caráter. O principal aqui é a formação do hábito: a associação do berço com o dormir. Se essa associação foi adequadamente produzida, a criança não fica acordada, a menos que esteja doente ou com dor. Mas a produção dessa associação requer certa quantidade de disciplina; não será alcançada com meras indulgências, pois estas causam associações prazerosas com o permanecer em vigília. Considerações similares se aplicam à formação de outros hábitos bons e ruins. Todo esse estudo ainda é incipiente, mas sua importância já é muito grande e certamente se tornará ainda maior. Está claro que a educação do caráter deve começar no nascimento e que ela requer uma inversão de muitas das práticas adotadas por criadas e mães inexperientes. Também está claro que a instrução pode começar mais cedo do que se pensava, porque é possível torná-la agradável, sem forçar a capacidade de atenção da criança. Nesses dois aspectos, a teoria educacional vem se transformando de modo radical nos últimos anos, com efeitos benéficos que provavelmente ficarão mais e mais evidentes com o passar do tempo. Por consequência, devo começar, nas páginas que se seguem, com uma consideração bastante minuciosa a respeito da formação do caráter na infância, antes de discutir a instrução a ser ministrada nos anos seguintes.

2.
Os objetivos da educação

Antes de pensar em como educar, é bom deixar claro que tipo de resultado desejamos obter. O Dr. Arnold queria "humildade da mente", qualidade alheia ao "homem magnânimo" de Aristóteles. O ideal de Nietzsche não é o do cristianismo. O de Kant, tampouco: pois, enquanto Cristo recomenda o amor, Kant ensina que nenhuma ação cujo motivo seja o amor pode ser verdadeiramente virtuosa. E mesmo as pessoas que concordam quanto aos componentes de um bom caráter podem discordar a respeito de sua importância relativa. Uma enfatizará a coragem; outra, o saber; outra, a bondade; uma outra, a retidão. Um homem, como o velho Brutus, colocará o dever para com o Estado acima da afeição da família; um outro, como Confúcio, colocará a afeição da família em primeiro lugar. Todas essas divergências irão trazer diferenças na educação. Devemos ter alguma ideia do tipo de pessoa que queremos produzir, antes de termos qualquer opinião definitiva quanto à educação que consideramos a melhor.

É claro que um educador pode se enganar, no sentido de produzir resultados diferentes dos que tinha como objetivo.

Uriah Heep foi a consequência das lições de humildade de uma escola de caridade, as quais tiveram um efeito bem distinto do desejado. Mas, de modo geral, os educadores mais competentes têm sido bastante bem-sucedidos. Tomemos como exemplos os literatos chineses, os japoneses modernos, os jesuítas, Dr. Arnold e os homens que dirigem a política das *public schools* americanas. Todos eles, em seus vários modos, têm sido muito bem-sucedidos. Os resultados pretendidos nos diferentes casos eram completamente distintos, mas, em geral, foram atingidos. Talvez valha a pena passar alguns momentos analisando esses sistemas, antes de tentarmos decidir o que nós próprios devemos considerar como os objetivos que a educação precisa ter em vista.

A educação chinesa tradicional era, em alguns aspectos, muito semelhante à de Atenas em seus melhores dias. Os garotos atenienses eram obrigados a decorar Homero do começo ao fim; os garotos chineses eram obrigados a aprender os clássicos de Confúcio com o mesmo rigor. Os atenienses aprendiam a reverenciar os deuses com um tipo de observância externa, o que não colocava barreiras no caminho da livre especulação intelectual. De modo similar, os chineses aprendiam certos ritos de adoração aos antepassados, mas não eram, de forma alguma, constrangidos a adotar as crenças que os ritos pareciam implicar. O que se esperava das atitudes de um adulto educado era um ceticismo simples e elegante: tudo podia ser discutido, mas era um tanto vulgar chegar a conclusões muito assertivas. As opiniões tinham de ser tais que pudessem se discutir agradavelmente durante o jantar, e não que propiciassem altercações entre os homens. Carlyle chama Platão de um "nobre *gentleman* ateniense, muito à vontade em Sião". Essa característica de estar "à vontade em Sião" também se encontra nos sábios chineses e é, em regra, ausente nos sábios produzidos pelas civilizações cristãs, exceto quando foram profundamente embebidos no espírito do helenismo, como Goethe. Tanto os atenienses quanto os chineses queriam desfrutar a vida e tinham uma concepção de desfrute que era refinada por um requintado senso de beleza.

Havia, entretanto, grandes diferenças entre as duas civilizações, devido, grosso modo, ao fato de os gregos serem enérgicos e os chineses, indolentes. Os gregos dedicavam sua energia à arte, à ciência e ao extermínio mútuo, alcançando, em todos esses campos, êxitos sem precedentes. A política e o patriotismo forneciam canais de manifestação práticos para a energia dos gregos: quando um político caía no ostracismo, liderava um bando de exilados para atacar a cidade natal. Quando um alto funcionário chinês caía em desgraça, ele se retirava para as montanhas e escrevia poemas sobre os encantos da vida no campo. Por consequência, a civilização grega se destruiu a si mesma, mas a civilização chinesa só pôde ser destruída por uma força externa. Essas diferenças, porém, não parecem se atribuir exclusivamente à educação, uma vez que o confucionismo jamais produziu, no Japão, o ceticismo indolente que caracterizava os literatos chineses, exceto na nobreza de Kyoto, que formava uma espécie de Faubourg Saint Germain.

A educação chinesa produziu estabilidade e arte; fracassou em produzir progresso ou ciência. Talvez seja tudo o que se possa esperar do ceticismo. Crenças apaixonadas produzem progresso ou desastre, não estabilidade. A ciência, mesmo quando ataca as crenças tradicionais, tem suas próprias crenças e mal pode florescer em uma atmosfera de ceticismo literário. Em um mundo belicoso, unificado pelas invenções modernas, a energia é pré-requisito para a autopreservação nacional. E, sem a ciência, a democracia é impossível: a civilização chinesa se confinava a uma pequena parcela de homens educados, e a civilização grega tinha por base a escravidão. Por esses motivos, a educação tradicional da China não serve para o mundo moderno e foi abandonada pelos próprios chineses. Os *gentlemen* cultos do século XVIII, que, em certos aspectos, lembravam os literatos chineses, tornaram-se impossíveis pelas mesmas razões.

O Japão moderno fornece a melhor ilustração de uma tendência predominante entre todas as grandes potências – a tendência a fazer da grandeza nacional o propósito supremo da educação. O objetivo da educação japonesa é produzir cidadãos que sejam devotos do Estado, por meio do adestramento de suas paixões, e úteis a ele, graças aos conhecimentos adquiridos. Impossível louvar suficientemente a destreza com que se perseguiu esse propósito duplo. Desde a chegada da esquadra do Comodoro Perry, os japoneses viveram uma situação na qual a autopreservação era muito difícil; seu êxito é uma justificativa para seus métodos, a menos que consideremos condenável a própria autopreservação. Mas só uma situação de desespero poderia justificar seus métodos educacionais, que seriam condenáveis em qualquer nação que não estivesse sob perigo iminente. O xintoísmo, que não pode ser questionado nem mesmo por professores universitários, implica uma história tão duvidosa quanto o Gênesis; o julgamento de Dayton[1] é insignificante diante da tirania teológica do Japão. Existe

---

[1] Mais conhecido como o Julgamento de Scopes. Em 1925, o professor John Thomas Scopes foi acusado de violar uma lei do Tennessee ao ensinar o evolucionismo aos alunos de uma escola de Dayton. (N. T.)

também uma tirania ética: o nacionalismo, a piedade dos filhos, a adoração do Micado etc., não podem ser questionados e, portanto, muitos tipos de progresso são quase impossíveis. O grande perigo de um sistema rígido como esse é provocar a revolução como único método de progresso. Mesmo que não seja imediato, tal perigo é real e causado, em grande medida, pelo sistema educacional.

Assim, temos no Japão moderno um defeito oposto ao da China antiga. Ao contrário dos literatos chineses, muito céticos e indolentes, os produtos da educação japonesa talvez sejam dogmáticos e enérgicos demais. Não é nem a aquiescência ao ceticismo, nem a aquiescência ao dogma o que a educação deve produzir. O que ela deve produzir é a crença de que o conhecimento é, em certa medida, atingível, apesar das dificuldades; e de que é provável que aquilo que se passa por conhecimento em determinada época esteja mais ou menos errado, mas os erros podem ser retificados com atenção e engenho. Ao agirmos conforme nossas crenças, devemos tomar cuidado para que um pequeno erro não signifique um desastre; mesmo assim, é conforme nossas crenças que devemos agir. Esse estado de espírito é bastante difícil: requer um alto nível de cultura intelectual, sem atrofia emocional. Mas, apesar das dificuldades, não é impossível: constitui, na verdade, o temperamento científico. O conhecimento, assim como outras coisas boas, é difícil, mas não impossível; os dogmáticos esquecem a dificuldade; os céticos a negam. Ambos estão equivocados, e seus erros, quando difundidos, produzem um desastre social.

Os jesuítas, assim como os japoneses modernos, cometeram o erro de subordinar a educação à prosperidade de uma instituição – neste caso, a Igreja Católica. Eles não se preocupavam com o bem de um aluno em particular, mas, sim, com um modo de fazer dele um instrumento para o bem da Igreja. Se concordarmos com sua teologia, não podemos culpá-los: salvar almas do inferno é mais importante do que qualquer preocupação meramente terrena, e isso só se alcança por intermédio da Igreja Católica. Mas os que não concordam com tal dogma julgarão a educação jesuítica por seus resultados. Esses resultados, é verdade, algumas vezes foram tão indesejados quanto Uriah Heep: Voltaire foi produto dos métodos jesuíticos. Mas, em geral e por muito tempo, os resultados procurados foram atingidos: a Contrarreforma e o colapso do protestantismo na França podem se atribuir, em grande parte, aos esforços dos jesuítas. Para alcançar esses fins, eles tornaram a arte sentimental, o pensamento superficial e a moral frouxa; por fim, a Revolução Francesa se fez necessária para varrer o mal que eles haviam causado. Na educação, seu crime foi agir não por amor aos pupilos, mas por fins ulteriores.

O sistema do Dr. Arnold, que permanece forte nas *public schools* inglesas até hoje, teve um outro defeito, a saber: o de ser aristocrático. O objetivo era treinar homens para posições de autoridade e poder, tanto em casa quanto em algum lugar distante do império. Uma aristocracia, caso queira sobreviver, precisa de certas virtudes: estas eram ensinadas na escola. O produto devia ser enérgico, estoico, fisicamente apto, dotado de certas crenças inalteráveis, com altos padrões de retidão e convencido de que tinha uma missão importante no mundo. Em uma medida surpreendentemente grande, esses resultados foram obtidos. A estes se sacrificou o intelecto, pois o intelecto pode trazer a dúvida. A empatia também se sacrificou, já que poderia interferir no governo das raças e classes "inferiores". A bondade se sacrificou em nome da rigidez; e a imaginação, em nome da firmeza. Em um mundo imutável, o resultado poderia ter sido uma aristocracia permanente, possuidora dos méritos e defeitos dos espartanos. Mas a aristocracia já está fora de moda, e as populações subordinadas não irão mais obedecer nem mesmo ao mais sábio e virtuoso dos dominadores. Os dominadores são propensos à brutalidade, e a brutalidade encoraja a revolta. A complexidade do mundo moderno requer cada vez mais inteligência, e o Dr. Arnold sacrificou a inteligência à virtude. A Batalha de Waterloo pode ter sido ganha nos gramados de Eton, mas o Império Britânico está se perdendo neles. O mundo moderno precisa de um tipo diferente de homem, com mais empatia imaginativa, mais agilidade intelectual, menos crença na coragem canina e mais crença no conhecimento técnico. O administrador do futuro deve ser um servidor de cidadãos livres, não o governante benevolente de súditos embasbacados. A tradição aristocrática imbuída na educação superior britânica é sua perdição. Talvez essa tradição possa ser eliminada gradualmente; talvez as instituições educacionais mais antigas venham a se mostrar incapazes de readaptação. Quanto a isso, não me atrevo a dar opinião.

As *public schools* americanas realizaram uma tarefa que jamais se tentara em larga escala: a tarefa de transformar uma seleção heterogênea de seres humanos em uma nação homogênea. Isso é feito de modo tão hábil e é, em geral, um trabalho tão benéfico que devemos todos os louvores aos responsáveis. Mas os Estados Unidos, assim como o Japão, estão em uma situação peculiar, e o que as circunstâncias especiais justificam não necessariamente é um ideal a ser perseguido por todos e para sempre. Os Estados Unidos tiveram certas vantagens e certas dificuldades. Entre as vantagens estavam: um alto padrão de riqueza; ausência do perigo de derrota em guerras; quase inexistência de tradições restringentes herdadas da Idade Média. Os imigrantes encontraram nos Estados Unidos um sentimento difuso de democracia e um estágio avançado de desenvolvimento industrial. Estas, creio eu, são as duas principais razões por que quase todos eles chegaram a admirar mais os Estados Unidos do que suas pátrias. Mas os imigrantes possuem, em regra, um patriotismo dual; nas lutas que se travam na Europa, eles continuam a ficar apaixonadamente do lado da nação a que pertencem por origem. Seus filhos, ao contrário, perdem toda a lealdade ao país de onde os pais vieram e se tornam simples e meramente americanos. A atitude dos pais se atribui aos méritos gerais dos Estados Unidos; a dos filhos é, em grande medida, determinada pela educação da escola. É somente a contribuição da escola o que nos interessa aqui.

Na medida em que pode se fiar nos méritos verdadeiros dos Estados Unidos, a escola não precisa associar o ensino do patriotismo americano ao inculcamento de padrões falsos. Mas, naquilo em que o Velho Mundo é superior ao Novo, torna-se necessário instilar um desprezo pelas excelências genuínas. O nível intelectual no Oeste Europeu e o nível artístico no Leste Europeu são, como um todo, mais altos do que nos Estados Unidos. Por todo o Oeste Europeu, exceto na Espanha e em Portugal, há menos superstição teológica do que nos Estados Unidos. Em quase todos os países europeus, o indivíduo está menos sujeito à obediência bovina do que nos Estados Unidos: sua liberdade interior é maior, mesmo onde sua liberdade política é menor. Nesses aspectos, as *public schools* americanas fazem mal. O mal é essencial para o ensino de um patriotismo exclusivamente americano. O mal, assim como acontece com os japoneses e os jesuítas, advém de considerar os alunos como instrumentos para um fim, não como fins em si mesmos. O professor deveria amar seus alunos mais do que a seu Estado ou sua Igreja; do contrário, não será um professor ideal.

Quando digo que os alunos devem ser tidos como fins, não como meios, posso ser confrontado com a réplica de que, no cômputo geral, todos são mais importantes como meios do que como fins. O que um homem é como fim perece quando ele morre; o que ele produz como meio continua até o fim dos tempos. Não podemos negar esse fato; mas podemos negar as consequências que se deduzem dele. A importância de um homem como meio pode ser para o bem ou para o mal; os efeitos remotos das ações humanas são tão incertos que um sábio tenderá a excluí-los de seus cálculos. Em termos gerais, homens bons têm bons efeitos, e homens maus têm efeitos maus. Isso, é claro, não é uma lei invariável da natureza. Um homem mau pode matar um tirano por ter cometido crimes que o tirano quer punir; os efeitos de seu ato podem ser bons, embora ele e seu ato sejam maus. Ainda assim, uma comunidade de homens e mulheres intrinsecamente excelentes terá, em regra, melhores efeitos do que uma composta por pessoas ignorantes e malevolentes. Para além dessas considerações, crianças e jovens sentem instintivamente a diferença entre aqueles que lhes querem bem e aqueles que os consideram simplesmente matéria-prima para algum plano. Nem o caráter nem a inteligência irão se desenvolver com qualidade e liberdade quando o professor não tem amor; e, nesse caso, o amor consiste essencialmente em *sentir* a criança como um fim em si. Todos temos esse sentimento sobre nós mesmos: desejamos coisas boas para nós mesmos, sem antes exigir uma prova de que sua obtenção servirá a um grande propósito. Todo e qualquer pai afetuoso sente o mesmo tipo de coisa em relação a seus filhos. Os pais querem que os filhos cresçam, que sejam fortes e saudáveis, que se saiam bem na escola e assim por diante, do mesmo modo como desejam coisas boas para si mesmos; nenhum esforço de autoabnegação e nenhum princípio abstrato de justiça interferem em tais questões. Esse instinto paternal nem sempre se confina estritamente aos próprios filhos. Deve existir, em forma difusa, em qualquer um que queira ser um bom professor de meninos e meninas. Conforme as crianças crescem, esse instinto se torna menos importante. Mas só os que o possuem podem receber a tarefa de planejar esquemas educacionais. Os que acham que um dos propósitos da educação masculina é produzir homens dispostos a matar e a morrer por razões frívolas são claramente deficientes em sentimento paternal difuso; mesmo assim, tais pessoas controlam a educação em todos os países civilizados, exceto na Dinamarca e na China.

Não basta, contudo, que o professor tenha amor pelos jovens; também é necessário que ele tenha a concepção certa de excelência humana. Gatos podem ensinar seus filhotes a caçar ratos e brincar com eles; militaristas fazem o mesmo com jovens humanos. O gato ama o filhote, mas não o rato; o militarista pode amar o próprio filho, mas não os filhos dos inimigos de seu país. Até mesmo aqueles que amam toda a humanidade podem incorrer em uma concepção equivocada do que seja a vida boa. Tentarei, portanto, antes de seguir adiante, dar uma ideia do que considero excelente nos homens e nas mulheres, sem atentar ao aspecto prático ou aos métodos educacionais que possam tornar realidade essa excelência. Tal quadro nos ajudará mais tarde, quando examinarmos os detalhes da educação; devemos sempre saber a direção para a qual queremos nos mover.

Precisamos, antes de qualquer coisa, estabelecer uma distinção: algumas qualidades são desejáveis em certa proporção da humanidade, outras são desejáveis universalmente. Queremos artistas, mas também queremos homens de ciência. Queremos grandes administradores, mas também queremos lavradores, moleiros e padeiros. As qualidades que produzem um homem de grande eminência em certo sentido seriam, muitas vezes, indesejáveis se fossem universais. Shelley descreve o dia de trabalho de um poeta da seguinte maneira:

> He will watch from dawn to gloom
> The lake-reflected sun illume
> The yellow-bees in the ivy bloom
> Nor heed nor see what things they be[2]

Esses hábitos são dignos de louvor em um poeta, mas não em um – digamos – carteiro. Logo, não podemos planejar nossa educação com vistas a dar a todos o temperamento de um poeta. Mas algumas características são universalmente desejáveis, e são apenas estas que irei considerar neste momento.

Não faço qualquer distinção entre excelência masculina e feminina. Uma certa quantidade de preparo profissional é desejável para uma mulher que tenha de cuidar de crianças, mas

---

2 Em tradução livre: "Ele observa do amanhecer até a escuridão / O sol refletido no lago iluminar / As abelhas amarelas na flor da hera / Sem atentar nem ver as coisas que são". (N. T.)

isso envolve apenas o mesmo tipo de diferença que existe entre um agricultor e um moleiro. Não é, de modo algum, fundamental e não demanda qualquer análise aqui.

Tomarei quatro características que me parecem formar, juntas, a base de um caráter ideal: vitalidade, coragem, sensibilidade e inteligência. Sei que essa lista não está completa, porém creio que já é bastante coisa. Além do mais, acredito firmemente que, se dermos aos jovens os cuidados físico, emocional e intelectual adequados, todas essas qualidades vão poder se tornar muito comuns. Vou considerá-las uma de cada vez.

A vitalidade é uma característica mais fisiológica do que mental; presume-se que esteja sempre presente onde há boa saúde, mas tende a decair com o passar dos anos e se reduz a nada na velhice. Nas crianças vigorosas, ela chega rapidamente ao máximo antes da idade escolar e, depois, tende a diminuir com a educação. Onde ela existe, há prazer de sentir-se vivo, independentemente de qualquer circunstância prazerosa específica. A vitalidade exalta os prazeres e diminui as dores. Torna mais fácil o interesse no que quer que aconteça e, assim, promove a objetividade, que é uma condição essencial da sanidade. Os seres humanos são inclinados a ficar absortos em si mesmos, incapazes de se interessar pelo que veem e ouvem ou por qualquer coisa para além de sua pele. Isso é um infortúnio para eles, pois implica, no melhor dos casos, tédio e, nos piores, melancolia; também é uma barreira fatal para a utilidade, a não ser em casos muito excepcionais. A vitalidade promove o interesse no mundo externo; também promove a força para o trabalho árduo. Além disso, é uma defesa contra a inveja, porque torna agradável a existência do indivíduo. Como a inveja é uma das maiores fontes da miséria humana, trata-se de um mérito muito importante da vitalidade. Muitas más qualidades são, é claro, compatíveis com a vitalidade – como as de uma pessoa agressiva, por exemplo. E muitas das melhores qualidades são compatíveis com sua ausência: Newton e Locke, por exemplo, tinham pouquíssima vitalidade. Ambos, no entanto, tinham acessos de irritabilidade e inveja dos quais uma melhor saúde poderia livrá-los. É provável que toda a controvérsia de Newton com Leibniz, a qual arruinou a matemática inglesa por mais de cem anos, tivesse sido evitada se Newton fosse um homem robusto e apto a desfrutar os prazeres comuns da vida. A despeito de suas limitações, vejo a vitalidade entre as qualidades mais importantes que os homens devem possuir.

A coragem – segunda qualidade de nossa lista – tem muitas formas, e todas elas são complexas. Ausência do medo é uma coisa, e capacidade de controlar o medo é outra. A ausência do medo, em si, é uma coisa quando o medo é racional e outra quando é irracional. A ausência do medo irracional é claramente boa, assim como a capacidade de controlar o medo. Mas a ausência do medo racional, por outro lado, é matéria sujeita a debates. Nada direi, porém, sobre essa questão antes de expor algumas coisas a respeito de outras formas de coragem.

O medo irracional desempenha um papel extremamente importante na vida emocional instintiva de grande parte das pessoas. É tratado por psiquiatras quando em suas formas patológicas, tais como a mania de perseguição, o complexo de ansiedade, entre outras mais. Mas, quando em formas mais amenas, é comum até entre aqueles que consideramos sãos. Pode ser um sentimento generalizado de que há perigos por todos os lados – mais corretamente chamado de "ansiedade" – ou um pavor específico de coisas que não são perigosas, como ratos ou aranhas.³ Era costume supor que muitos medos são instintivos, mas hoje boa parte dos pesquisadores questiona essa suposição. Ao que parece, existem alguns poucos medos instintivos – de ruídos fortes, por exemplo –, mas a grande maioria surge ou da experiência ou da sugestão. O medo de escuro, por exemplo, parece vir inteiramente da sugestão. Há razões para acreditar que os animais vertebrados normalmente não sentem medo instintivo de seus inimigos naturais, mas o adquirem junto aos mais velhos. Quando os seres humanos criam tais animais, muitos medos comuns às espécies desaparecem. Mas o medo é extremamente contagioso: as crianças o adquirem dos mais velhos, mesmo quando estes não se dão conta de demonstrá-lo. Por meio da sugestão, as crianças imitam muito rapidamente a timidez de mães e babás. Os homens sempre acharam atraente que as mulheres fossem cheias de terrores irracionais, porque isso lhes dava a chance de parecer protetores, sem correr nenhum risco de verdade. Mas os filhos desses homens adquiriram os terrores de suas mães e, mais tarde, tiveram de aprender a reconquistar a coragem que jamais precisariam ter perdido se seus pais não houvessem nutrido o desejo de desprezar suas mães. O mal que foi feito pela sujeição das mulheres é incalculável; essa questão do medo não passa de uma mera ilustração.

Não estou, neste momento, discutindo os métodos pelos quais minimizar o medo e a ansiedade; esse é um assunto que irei examinar mais adiante. Há, no entanto, uma questão que surge neste estágio, a saber: devemos lidar com o medo por

---

3 Sobre o medo e a ansiedade na infância, ver: Stern, *Psychology of Early Childhood*, cap.35.

meio da repressão, ou podemos encontrar uma cura mais radical? Tradicionalmente, as aristocracias têm sido preparadas para não demonstrar medo, ao passo que as nações, classes e sexos subordinados vêm sendo encorajados a perpetuar-se na covardia. O teste de coragem tem sido cruelmente comportamental: um homem não pode fugir da batalha; deve ser competente em todos os esportes "viris"; precisa manter o autocontrole em incêndios, naufrágios, terremotos etc. Deve não apenas fazer a coisa certa, como também não empalidecer, nem tremer, nem ofegar, nem dar qualquer sinal evidente de medo. Considero tudo isso de grande importância e desejaria ver a coragem cultivada em todas as nações, todas as classes e em ambos os sexos. Mas, quando o método adotado é repressivo, implica os males usualmente associados a essa prática. Infâmia e desonra sempre foram armas potentes para produzir a aparência de coragem; porém, na verdade, elas causam tão somente um conflito de terrores, no qual se espera que o pavor à condenação pública predomine. "Fale sempre a verdade, exceto quando algo o apavora" foi a máxima que me ensinaram na infância. Não posso admitir a exceção. O medo deve ser superado não só na ação, mas também no sentimento; não só no sentimento consciente, mas também no inconsciente. A vitória meramente externa sobre o medo, a qual satisfaz o código aristocrático, deixa que o impulso operativo continue atuando no íntimo e produz reações nefastas, que não são percebidas como produtos do medo. Não estou falando aqui dos "traumas da guerra", nos quais a conexão com o medo é óbvia. Estou pensando em todo o sistema de opressão e crueldade pelo qual as castas dominantes procuram preservar sua ascendência. Quando, recentemente, um oficial britânico de Xangai ordenou que se atirasse nas costas de um grupo de estudantes chineses desarmados, ele estava obviamente sob a ação do terror, tanto quanto um soldado que foge da batalha. Mas as aristocracias militares não são inteligentes o bastante para rastrear a fonte psicológica de atos como esse; preferem considerá-los uma demonstração de firmeza e presença de espírito.

Desde o ponto de vista da psicologia e da fisiologia, o medo e a raiva são emoções análogas; o homem que sente raiva não possui a mais alta coragem. A crueldade invariavelmente demonstrada na repressão de revoltas negras, de rebeliões comunistas e de outras ameaças à aristocracia deriva da covardia e merece o mesmo desprezo que conferimos às formas mais evidentes deste vício. Acredito ser possível educar homens e mulheres comuns para que consigam viver sem medo. Até aqui, apenas alguns heróis e santos alcançaram tal vida; mas o que eles fizeram todos poderiam fazer, se lhes fosse mostrado o caminho.

Vários fatores devem se combinar para compor o tipo de coragem que não consiste em repressão. Para começar, os mais modestos: saúde e vitalidade são muito úteis, embora não indispensáveis. Prática e habilidade nas situações perigosas são muito desejáveis. Mas, quando passamos a considerar não a coragem nesse ou naquele aspecto, e sim a coragem universal, algo mais fundamental se faz necessário. O que se faz necessário é a combinação de respeito próprio com uma visão impessoal da vida. Para começar, o respeito próprio: alguns homens vivem voltados para dentro, enquanto outros são meros espelhos do que sentem e dizem seus próximos. Homens como estes jamais poderão ter a verdadeira coragem: eles querem a admiração dos outros e se apavoram com o medo de perdê-la. O ensino da "humildade", que costumava se aconselhar como desejável, era um meio de produzir uma forma pervertida desse mesmo vício. A "humildade" suprimia o respeito próprio, mas não o desejo do respeito dos outros, e apenas fazia da humilhação de si mesmo um meio para ganhar a consideração dos demais. Desse modo, gerava hipocrisia e falsificação do instinto. As crianças aprendiam a submissão irracional e, quando adultas, exigiam-na dos outros; dizia-se que "só quem sabe obedecer sabe mandar". O que sugiro é que ninguém aprenda a obedecer e ninguém queira mandar. Não quero dizer, é claro, que não devam existir líderes nos empreendimentos cooperativos; mas apenas que sua autoridade deve ser como a do capitão de um time de futebol, aceita voluntariamente com o intuito de se alcançar um propósito comum. Nossos propósitos devem ser nossos, e não o resultado de uma autoridade externa, e nossos propósitos não devem nunca ser impostos coercitivamente aos outros. É isso o que quero dizer quando afirmo que ninguém deve mandar e ninguém deve obedecer.

A mais alta coragem exige mais uma coisa, o que acabei de chamar de visão impessoal da vida. O homem cujos medos e esperanças estão todos centrados em si próprio dificilmente conseguirá ver a morte com serenidade, pois ela extingue todo o seu universo emotivo. Aqui, uma vez mais, defrontamos com uma tradição que insiste no caminho fácil e rápido da repressão: o santo deve aprender a renunciar ao Eu, deve mortificar a carne e abster-se das alegrias instintivas. Isso é possível, mas suas consequências são ruins. Ao renunciar aos prazeres para si mesmo, o asceta também os renuncia para os outros, o que é mais fácil. A inveja persiste no fundo e o leva à ideia de que o sofrimento enobrece e, portanto, pode ser legitimamente infligido. Daí surge uma completa inversão de valores: considera-se ruim o que é bom e bom o que é ruim. A fonte de todo o mal é que se tem procurado a vida boa na obediência a um imperativo negativo, não no desenvolvimento e na ampliação de desejos e instintos naturais. Existem certas coisas na natureza humana que nos levam além do Eu, sem maiores esforços. A mais comum é o amor, especialmente o amor paternal, que em algumas pessoas é tão generalizado que chega a abarcar toda a raça humana. Outra é o conhecimento. Não há motivo para supor que Galileu fosse especialmente benevolente; ainda assim, ele viveu para um fim que não cessou com sua morte. Outra é a arte. Mas, na verdade, todo e qualquer interesse em algo exterior a seu próprio corpo torna um pouco mais impessoal a vida de um homem. Por essa razão, por paradoxal que possa parecer, um homem de interesses amplos e vívidos encontra menos dificuldade ao deixar a vida do que experimenta um deplorável hipocondríaco cujos interesses girem em torno de suas próprias enfermidades. Assim, a perfeição da coragem se encontra no homem de interesses vários, que sente que seu ego é nada mais que uma pequena parte do mundo, não por desprezar a si mesmo, mas por valorizar muitas das coisas que não são ele próprio. É muito difícil que isso aconteça, a menos que o instinto esteja livre e a inteligência, ativa. Da união dos dois, nasce uma visão abrangente que tanto o voluptuoso quanto o asceta desconhecem. E, para tal visão, a morte pessoal parece coisa trivial. Tal coragem é positiva e instintiva, não negativa e repressiva. É a coragem em seu sentido positivo que vejo como um dos maiores componentes de um caráter perfeito.

A sensibilidade, terceira qualidade de nossa lista, é, em certo sentido, um corretivo para a mera coragem. O comportamento corajoso é mais fácil para um homem que não compreende os perigos, mas tal coragem pode, muitas vezes, ser uma tolice. Não conseguimos considerar satisfatório qualquer modo de ação baseado na ignorância ou na negligência. A maior percepção e conhecimento possíveis são parte essencial do que se constitui desejável. O aspecto cognitivo, entretanto, provém da inteligência, e a sensibilidade, no sentido em que a estou encarando, pertence às emoções. Uma definição puramente teórica seria: uma pessoa é emocionalmente sensível quando uma grande variedade de estímulos ativa suas emoções; mas, nesse sentido amplo, a qualidade não é necessariamente boa. Para que a sensibilidade seja boa, é preciso que a reação emocional seja, em certo sentido, *adequada*: apenas a intensidade não basta. A qualidade que tenho em mente é a de ser afetado agradavelmente – ou o contrário – por muitas coisas e pelas coisas certas. Tentarei explicar quais são essas coisas certas. O primeiro passo, que a maioria das crianças dá por volta dos cinco meses de idade, é passar dos meros prazeres da sensação – tais como se sentir alimentada e aquecida – para o prazer da aprovação social. Esse prazer, logo que emerge, desenvolve-se com muita rapidez. Toda criança adora elogios e odeia censura. Normalmente, o desejo de ser benquisto continua dominante por toda a vida. Por certo, é muito valioso como estímulo ao comportamento agradável e como restrição aos impulsos de ganância. Se fôssemos mais sábios em nossas admirações, esse desejo seria muito mais valioso. Mas, enquanto os heróis mais admiráveis forem os que matam o maior número de pessoas, o amor da admiração não poderá, sozinho, ser propício ao bem da vida.

O próximo estágio no desenvolvimento de uma forma desejável de sensibilidade é a empatia. Há uma empatia puramente física: uma criança muito nova irá chorar porque um irmão ou irmã está chorando. Isso, creio eu, fornece a base para os desenvolvimentos ulteriores. Os dois alargamentos necessários são: primeiro, sentir empatia mesmo quando o sofredor não for objeto de afeição especial; segundo, senti-la mesmo a distância, quando mal se souber do sofrimento. O segundo alargamento depende, sobretudo, da inteligência. Ela pode estabelecer uma empatia por um sofrimento retratado de maneira vívida e comovente, como em um bom romance; e pode, por outro lado, fazer com que um homem se sinta emocionalmente tocado por um dado estatístico. Essa capacidade de empatia abstrata é tão rara quanto importante. Quase todos somos profundamente afetados quando alguém que amamos sofre de câncer. A maioria das pessoas se sente tocada quando vê o sofrimento de pacientes desconhecidos em um hospital. Mesmo assim, quando leem que a taxa de mortalidade por câncer é esta ou aquela, as pessoas em geral só são tocadas por um medo momentâneo e pessoal de que elas ou algum ente querido desenvolva a doença. O mesmo vale para a guerra: as pessoas consideram-na terrível quando têm um filho ou irmão mutilado, mas não a acham um milhão de vezes mais horrível pelo fato de ela mutilar um milhão de seres. Um homem pleno de bondade nas relações pessoais pode auferir sua renda da incitação à guerra ou da tortura de crianças nos países "atrasados". Todos esses fenômenos bem conhecidos se devem ao fato de que a empatia não é despertada, na maioria das pessoas, apenas por estímulos abstratos. Boa parte dos males do mundo moderno deixaria de existir se pudéssemos remediar esse fato. A ciência incrementou muito a nossa capacidade de afetar a vida de povos distantes, sem aumentar nossa empatia por eles. Suponha que você é acionista de uma companhia que fabrica algodão em Xangai. Você é um homem ocupado, que se limitou a seguir um conselho financeiro na hora de fazer o investimento; nem Xangai, nem o algodão lhe interessam, mas apenas os dividendos. Mesmo assim, você se torna parte da força que massacra pessoas inocentes, e seus dividendos desapareceriam se crianças não fossem forçadas a uma labuta perigosa e perversa. Mas você não se importa, porque jamais viu essas crianças e não se sente movido por um estímulo abstrato. Essa é a razão fundamental pela qual o industrialismo de larga escala é tão cruel e por que se tolera a opressão das raças subordinadas. Uma educação que promovesse a sensibilidade a estímulos abstratos impossibilitaria tais horrores.

A sensibilidade cognitiva, que também deve ser considerada, não passa, na prática, de um hábito de observação e é mais naturalmente associada à inteligência. A sensibilidade estética levanta vários problemas que não quero discutir neste momento. Irei, portanto, passar para a última das quatro qualidades que enumeramos, a saber: a inteligência.

Um dos maiores defeitos da moralidade tradicional tem sido a depreciação da inteligência. Os gregos não erravam nesse aspecto, mas a Igreja levou os homens a acreditar que nada além da virtude tem valor, e a virtude consiste na abstinência de uma certa lista de ações arbitrariamente definidas como "pecado". Enquanto essa atitude persistir, será impossível fazer com que os homens percebam que a inteligência traz mais bem do que uma "virtude" artificial e convencionada. Quando falo de inteligência, incluo tanto o conhecimento adquirido quanto a receptividade a conhecimentos novos. Os dois estão, de fato, estreitamente ligados. Os adultos ignorantes são inertes ao ensino; em temas como higiene ou alimentação, por exemplo, são totalmente incapazes de aceitar o que a ciência tem a dizer. Quanto mais um homem aprendeu, mais facilidade tem de aprender ainda mais – presumindo-se, sempre, que ele não foi ensinado em um espírito dogmático. As pessoas ignorantes nunca foram impelidas a mudar seus hábitos mentais e se enrijeceram em uma atitude imutável. Não se trata apenas de que são crédulas quando deviam ser céticas; são também incrédulas quando deviam ser receptivas. Sem dúvida, a palavra "inteligência", quando adequadamente definida, significa antes uma aptidão para adquirir conhecimento do que um conhecimento já adquirido; mas não creio que essa aptidão possa ser adquirida sem prática, assim como a aptidão de um pianista ou de um acrobata. É possível, por certo, transmitir informações de maneiras que não exercitam a inteligência; não é apenas possível, como também fácil e até frequente. Porém, não creio que seja possível exercitar a inteligência sem transmitir informações ou sem fazer com que se adquira, de algum modo, conhecimento. E, sem inteligência, nosso complexo mundo moderno não pode subsistir; e muito menos prosperar. Vejo, portanto, o cultivo da inteligência como um dos maiores propósitos da educação. Pode parecer um lugar-comum, mas, na verdade, não é. O desejo de instilar as crenças que se consideram corretas fez com que os educadores muitas vezes ficassem indiferentes ao exercício da inteligência. Para deixar tudo isso mais claro, é preciso definir a inteligência com mais cuidado, a fim de descobrir os hábitos mentais que ela requer. Com esse intuito, irei considerar apenas a aptidão de adquirir conhecimento, e não a de guardar conhecimento, que poderia legitimamente ser incluída na definição de inteligência.

Sobre a educação

O fundamento instintivo da vida intelectual é a curiosidade, que também se encontra entre os animais, em formas mais elementares. A inteligência requer uma curiosidade atenta, mas esta deve ser de um tipo específico. A que leva vizinhos a espiar através das cortinas depois que anoitece não tem grande valia. O interesse pela fofoca, bastante difundido, não se inspira no amor ao conhecimento, mas na malícia: ninguém fofoca sobre as virtudes secretas das pessoas, apenas sobre seus vícios secretos. Por consequência, grande parte das fofocas é falsa, mas sempre se toma cuidado para não comprová-las. Os pecados de nossos vizinhos, assim como os consolos da religião, são tão agradáveis que não paramos para examinar atentamente as evidências. A curiosidade propriamente dita, por outro lado, inspira-se no amor genuíno ao conhecimento. Você pode ver esse impulso sob uma forma razoavelmente pura em um gato que, ao entrar em um quarto desconhecido, começa a farejar cada canto e cada móvel. Você também pode vê-lo nas crianças, que ficam apaixonadamente interessadas sempre que uma gaveta ou armário se abre para sua inspeção. Animais, máquinas, tempestades e todas as formas de trabalho manual despertam a curiosidade das crianças, cuja sede de conhecimento deixa muitos adultos inteligentes encabulados. Esse impulso fica mais fraco com o passar dos anos, até que, por fim, o desconhecido inspire apenas aversão, sem nenhum desejo de conhecimento mais próximo. Essa é a fase na qual as pessoas falam que o país foi para o brejo e que "as coisas já não são como no meu tempo". O que de fato já não é mais como naquele tempo antigo é a curiosidade de quem fala. E, com a morte da curiosidade, temos de reconhecer que também a inteligência ativa morreu.

Mas, embora a curiosidade diminua em intensidade e extensão depois da infância, ela pode continuar melhorando em qualidade, por muito tempo. A curiosidade a respeito de ideias gerais demonstra um nível superior ao da curiosidade a respeito de fatos particulares; de modo amplo, quanto maior a ordem de generalização, maior a inteligência. (Essa regra, no entanto, não deve ser tomada em um sentido muito estrito.) A curiosidade dissociada de vantagens pessoais demonstra um desenvolvimento maior do que a curiosidade ligada (digamos) à procura por comida. O gato que fareja em um quarto desconhecido não é um pesquisador científico completamente imparcial; também quer, provavelmente, descobrir se tem um rato por ali. Talvez não seja correto dizer que a curiosidade é melhor quando desinteressada, mas sim que é melhor quando a conexão com outros interesses não é direta ou óbvia, perceptível apenas por meio de certo grau de inteligência. Não nos cabe, contudo, discutir esse tema aqui.

Para que a curiosidade seja frutífera, ela deve estar associada a uma certa técnica de aquisição de conhecimento. Devem existir hábitos de observação, crença na possibilidade de conhecimento, paciência e engenho. Essas coisas vão se desenvolver por si mesmas, desde que haja um fundo original de curiosidade e a educação intelectual adequada. Mas, como a vida intelectual é apenas uma parte de nossa atividade e como a curiosidade está sempre entrando em conflito com outras paixões, são necessárias certas virtudes intelectuais, como a mente aberta. Nós nos tornamos impermeáveis a novas verdades tanto pelo hábito quanto pelo desejo. Temos dificuldade de abandonar as crenças em que acreditamos enfaticamente por muitos anos, bem como aquilo que contribui para nossa autoestima ou qualquer outra paixão fundamental. A mente aberta deve, dessa forma, ser uma das qualidades que a educação tem por objetivo produzir. Nos dias de hoje, isso só é feito em uma escala muito reduzida, como ilustra o seguinte parágrafo do *The Daily Herald*, de 31 de julho de 1925:

> Um comitê especial, nomeado para investigar acusações de ensino subversivo às crianças das escolas de Bootle por parte de seus professores, apresentou conclusões diante do Conselho Municipal. O comitê foi da opinião de que as acusações eram substanciadas, mas o conselho apagou a palavra "substanciadas" e afirmou que "as alegações haviam suscitado a justa investigação". Uma recomendação, feita pelo comitê e adotada pelo conselho, dizia que, nas futuras nomeações de professores, estes deveriam assumir o compromisso de instruir os alunos nos hábitos de reverência a Deus e à religião e no respeito às instituições civis e religiosas do país.

Assim, independentemente do que aconteça em outras partes, não haverá mentes abertas em Bootle. É de esperar que o Conselho Municipal envie uma delegação a Dayton, Tennessee, para obter maiores esclarecimentos quanto aos melhores métodos com os quais conduzir seu programa. Mas isso talvez nem seja necessário. Pela resolução do conselho, vê-se que Bootle não precisa de nenhuma instrução em matéria de obscurantismo.

A coragem é tão essencial à probidade intelectual quanto ao heroísmo físico. O mundo real é mais desconhecido do que gostamos de pensar; desde o primeiro dia de vida, tiramos conclusões precárias e confundimos nossos hábitos mentais com as leis da natureza externa. Toda sorte de sistemas intelectuais – cristianismo, socialismo, patriotismo etc. – está sempre pronta, assim como os orfanatos, para oferecer segurança em troca de servidão. Uma vida mental livre não consegue ser tão calorosa, confortável e sociável quanto uma vida envolta em um credo: só um credo pode dar a sensação de aconchego ao pé da lareira quando as tempestades de inverno rugem lá fora.

Isso nos traz a uma questão um tanto difícil: até que ponto a vida boa deve se emancipar do rebanho? Hesito em empregar a expressão "instinto de rebanho" porque há controvérsias a seu respeito. Mas, qualquer que seja a interpretação, o fenômeno que ela descreve é familiar. Nós gostamos de ficar bem com aqueles que sentimos formar o grupo com o qual desejamos cooperar – nossa família, nossos vizinhos, nossos colegas, nosso partido político, nossa nação. Isso é natural, porque não conseguimos obter nenhum dos prazeres da vida sem cooperação. Além disso, as emoções são contagiosas, especialmente quando sentidas por muitas pessoas ao mesmo tempo. Pouquíssimas pessoas participam de um encontro exaltado sem ficar exaltadas: se são oponentes, a oposição fica exaltada. E, para a maioria das pessoas, tal oposição só é possível quando elas recebem apoio das opiniões de uma multidão diferente, na qual vão buscar aprovação. É por isso que a Comunhão dos Santos deu tanto amparo aos perseguidos. Temos de aquiescer nesse desejo de cooperação com a multidão, ou nossa educação deve tentar enfraquecê-lo? Existem argumentos de ambos os lados, e a resposta certa consiste em buscar a justa medida, e não em uma decisão absoluta por uma das partes.

Penso que o desejo de agradar e cooperar dever ser forte e normal, mas também capaz de ser dominado por outros desejos em certas ocasiões importantes. O caráter desejável da vontade de agradar já foi considerado em conexão com a sensibilidade. Sem a vontade de agradar, seríamos todos rudes, e todo e qualquer grupo social, a começar pela família, seria impossível. A educação das crianças menores seria muito difícil se elas não desejassem a boa opinião dos pais. O caráter contagioso das emoções também tem sua utilidade, quando o contágio passa da pessoa mais sábia para a mais tola. Nos casos de pânico de raiva ou pânico de medo, porém, tal caráter é, evidentemente, o oposto de útil. Desse modo, a questão da receptividade emocional não é, de forma alguma, simples. Mesmo em assuntos puramente intelectuais, o tema não é claro. Os grandes descobridores sempre tiveram de se opor ao rebanho e se sujeitar à hostilidade por conta de sua independência. Mas as opiniões do homem comum seriam muito menos tolas se ele pensasse por si próprio. Na ciência, ao contrário, o respeito à autoridade é, em geral, benéfico.

Penso que, na vida de um homem cujas circunstâncias não são muito excepcionais, existe uma ampla esfera em que domina o que chamamos vagamente de "instinto de rebanho" e uma esfera menor na qual esse instinto não entra. A esfera menor conteria a região de sua competência especial. Pensamos mal do homem que não consegue admirar uma mulher a menos que todos os outros a admirem: pensamos que, na hora de escolher a esposa, o homem deve se guiar por seus próprios sentimentos independentes, e não por um reflexo dos sentimentos da sociedade em que vive. Não importa que seus julgamentos sobre as pessoas em geral coincidam com os de seus vizinhos: quando ele se apaixona, tem de ser guiado por seus próprios sentimentos independentes. A mesma coisa se aplica em outros campos. Um agricultor deve seguir seu juízo próprio quanto às capacidades dos campos que cultiva, embora esse juízo tenha se formado depois de ele haver adquirido conhecimentos sobre agricultura científica. Um economista deve formar opinião independente a respeito de questões financeiras, mas um reles mortal fará melhor se seguir uma autoridade no assunto. Sempre que houver uma competência especial, deverá haver independência. Mas o homem não pode se transformar em um ouriço, com todos os espinhos eriçados contra o mundo. A maior parte das nossas atividades ordinárias deve ser cooperativa, e a cooperação precisa ter uma base instintiva. Mesmo assim, todos devemos aprender a pensar por nós mesmos nos assuntos que nos são particularmente conhecidos, e todos precisamos ter a coragem de proclamar opiniões impopulares quando as julgamos importantes. A aplicação desses princípios amplos em casos especiais pode, é claro, ser difícil. Mas será bem menos difícil do que é hoje em um mundo onde os homens venham a ter as virtudes que estamos examinando neste capítulo. O santo perseguido, por exemplo, não existiria nesse mundo. O homem bom não teria ocasião de se eriçar e ficaria mais autoconsciente; sua bondade resultaria de seus impulsos e se combinaria com a felicidade instintiva. Seus vizinhos não o odiariam porque não o temeriam: o ódio aos pioneiros se deve ao terror que eles inspiram, e esse terror não existe entre homens que adquiriram coragem. Somente um homem dominado pelo medo pode entrar para a Ku Klux Klan ou para o partido fascista. Em um mundo de homens corajosos, tais organizações perseguidoras jamais existiriam, e a vida boa implicaria muito menos resistência ao instinto do que nos dias de hoje. O mundo bom só poderá ser criado e mantido por homens destemidos, mas, quanto mais êxito tiverem em sua tarefa, menos ocasiões haverá para o exercício de sua coragem.

Uma comunidade de homens e mulheres dotados de vitalidade, coragem, sensibilidade e inteligência, no mais alto grau que a educação pudesse produzir, seria muito diferente de tudo que já existiu. Pouquíssimas pessoas seriam infelizes. As maiores causas de infelicidade hoje em dia são: problemas de saúde, pobreza e vida sexual insatisfatória. Tudo isso se tornaria muito raro. A boa saúde seria quase universal, e até mesmo a velhice poderia ser postergada. A pobreza, desde a Revolução Industrial, deve-se apenas à estupidez coletiva. A sensibilidade faria as pessoas terem vontade de aboli-la, a inteligência lhes mostraria o caminho e a coragem as guiaria por ele. (Os tímidos preferem continuar miseráveis a fazer qualquer coisa de incomum.) Atualmente, a vida sexual da maioria das pessoas é mais ou menos insatisfatória. Isso se deve, em parte, à má educação e, em outra parte, à perseguição das autoridades e dos hipócritas. Uma geração de mulheres criadas sem os medos irracionais do sexo logo colocaria fim a esse mal. O medo vem sendo considerado o único meio de fazer com que as mulheres sejam "virtuosas", e a elas se ensina, deliberadamente, a covardia, tanto física quanto mental. As mulheres em quem o amor foi reprimido incitam a brutalidade e a falsidade dos maridos e distorcem os instintos dos filhos. Uma geração de mulheres destemidas poderia transformar o mundo ao lhe dar uma geração de crianças destemidas, não deformadas em moldes artificiais, mas sim francas e cândidas, generosas, afetuosas e livres. Seu ardor varreria a crueldade e a dor que sofremos porque somos preguiçosos, covardes, insensíveis e estúpidos. É a educação que nos dá essas qualidades ruins, e é a educação que deve nos dar as virtudes que lhes são opostas. A educação é a chave para o novo mundo.

Mas já é hora de encerrarmos essas generalidades e descermos aos detalhes concretos que deverão incorporar nossos ideais.

Segunda parte

Educação do caráter

3.
O primeiro ano

Antigamente, considerava-se que o primeiro ano de vida estava fora da esfera da educação. Pelo menos até que pudesse falar, quando não por ainda mais tempo, a criança era entregue inteiramente aos cuidados desassistidos de mães e babás, que deveriam saber, por instinto, o que era melhor para o bebê. Mas, na realidade, elas não sabiam. Uma enorme proporção de crianças morria durante o primeiro ano e, entre as sobreviventes, muitas ficavam com a saúde comprometida. Por conta dos maus-tratos, fundavam-se os alicerces de hábitos mentais desastrosos. Só recentemente é que se perceberam todas essas coisas. A invasão da ciência no berçário muitas vezes é mal recebida, porque perturba a imagem sentimental da mãe com o filho. Porém sentimentalidade e amor não podem coexistir; os pais que amam seus filhos desejam que eles sobrevivam, mesmo que, para tanto, tenham de empregar a inteligência. Por conseguinte, encontramos essa sentimentalidade mais acentuada em pessoas que não têm filhos ou naquelas que, a exemplo de Rousseau, estão dispostas a abandoná-los. A maior parte dos pais educados fica ansiosa para saber o que a ciência tem a dizer, e os não educados aprendem nas maternidades como tratar as crianças. O resultado se revela na notável diminuição da mortalidade infantil. Temos, portanto, razões para pensar que, com destreza e cuidados adequados, pouquíssimas crianças morreriam na infância. Pouquíssimas morreriam e as sobreviventes seriam mais saudáveis de corpo e mente.

As questões relativas à saúde física, estritamente falando, fogem ao escopo deste livro e devem ficar a cargo dos médicos. Tocarei nelas somente quando tiverem importância psicológica. Mas o físico e o mental são quase indistinguíveis no primeiro ano de vida. Além disso, o educador dos anos posteriores pode se ver de mãos atadas por causa dos equívocos puramente fisiológicos cometidos na infância do aluno. Não conseguiremos, pois, deixar de invadir um campo que, por direito, não nos pertence.

O recém-nascido tem reflexos e instintos, mas não hábitos. Quaisquer hábitos que possa ter aprendido no útero são inúteis nessa nova situação: às vezes, a criança tem de aprender até a respirar, e algumas morrem por não aprenderem em tempo hábil. Há um instinto bem desenvolvido, o instinto de sugar; quando está entretida nessa ocupação, a criança se sente em casa no seu novo ambiente. Mas passa o resto da vida em vigília em um vago aturdimento, do qual encontra alívio ao dormir quase vinte e quatro horas por dia. Ao cabo de duas semanas, tudo isso já mudou. A criança adquiriu expectativas decorrentes de experiências que se repetem com regularidade. Ela já é conservadora – provavelmente mais conservadora do que será em qualquer outro momento da vida. Recebe toda e qualquer novidade com ressentimento. Se pudesse falar, diria: "Você acha que vou mudar os hábitos de uma vida inteira nesta fase da minha vida?". A rapidez com a qual as crianças adquirem hábitos é impressionante. Cada hábito ruim adquirido é uma barreira para que adquiram hábitos melhores no futuro. É por isso que a formação de hábitos na primeira infância é tão importante. Se os primeiros hábitos forem bons, pouparão inúmeros problemas depois. Além disso, hábitos adquiridos muito cedo parecerão, mais tarde, instintos; terão a mesma força destes. Os hábitos contrários que venham a ser adquiridos depois não terão tal força; também por esse motivo, os primeiros hábitos devem ser objeto de grande atenção.

Duas considerações vêm à tona quando examinamos a formação dos hábitos na infância. A primeira e mais importante se refere à saúde da criança; a segunda, ao caráter. Desejamos que a criança se torne o tipo de pessoa que será apreciada e capaz de enfrentar a vida. Felizmente, a saúde e o caráter apontam na mesma direção: o que é bom para uma também é bom para o outro. É sobretudo do caráter que nos ocuparemos neste livro; mas a saúde requer os mesmos cuidados. Não teremos, assim, de encarar a difícil alternativa entre um canalha saudável e um santo doente.

Hoje em dia, qualquer mãe instruída conhece a importância de fatos bem simples, como alimentar a criança a intervalos regulares, e não apenas quando ela chora. Essa prática começou a ser adotada porque é melhor para a digestão da criança, o que já é uma razão suficiente. Contudo, também é desejável sob o ponto de vista da educação moral. As crianças são muito mais astutas (não no sentido americano da palavra) do que os adultos conseguem supor; se elas acham que o choro produzirá resultados satisfatórios, elas vão chorar. Quando, mais tarde, percebem que o hábito de se queixar faz que os outros as rejeitem ao invés de as acolherem, elas ficam surpresas e ressentidas, e o mundo lhes parece frio e hostil. Se, entretanto, a criança se tornar uma mulher encantadora, ela ainda será acolhida quando ficar queixosa, e o estímulo ruim que começara na infância se intensificará. O mesmo vale para os homens ricos. Se os métodos corretos não forem adotados na infância, os futuros ricos serão descontentes ou avaros, conforme o tamanho de seu poder. O momento correto para começar a indispensável educação moral é no instante do nascimento, porque aí pode começar sem frustração de expectativas. Em qualquer momento posterior, haverá uma luta contra os hábitos ruins e, por conseguinte, ressentimento e indignação.

Logo, no trato com as crianças pequenas, é necessário um equilíbrio delicado entre negligência e indulgência. Há que se fazer tudo o que for necessário para a saúde. A criança deve ser amparada quando sofrer cólicas e também mantida seca e aquecida. Mas, se ela chorar quando não houver nenhuma causa física, deve-se deixá-la chorando; caso contrário, ela se transformará em um tirano. Quando ela precisar de atendimento, não pode haver muita comoção: que se faça o necessário, mas sem demonstrações excessivas de compaixão. Em nenhum momento da vida deve-se considerar a criança como um animal de estimação, às vezes mais interessante do que um cãozinho. Deve-se, desde o início, encará-la seriamente, como um adulto em potencial. É claro que a criança não pode ter os hábitos de um adulto, mas devemos evitar tudo o que possa opor um obstáculo à aquisição desses hábitos. E, acima de tudo, não podemos dar à criança uma impressão de autoimportância, a qual a experiência posterior irá destruir e que, de todo modo, não está de acordo com os fatos.

Sobre a educação

A maior dificuldade da educação das crianças pequenas está no delicado equilíbrio que exige dos pais. É preciso muito trabalho e vigilância constante para evitar danos à saúde; essas qualidades raramente existem no grau necessário, a não ser quando o afeto paternal é muito forte. E, quando existem, é pouco provável que sejam sábias. Para os pais dedicados, a criança tem uma importância imensa. A menos que se tome cuidado, a criança sentirá essa importância e se julgará tão importante quanto a sentem seus pais. Mais tarde, o meio social não a tratará com tanto afeto, e os hábitos que presumiam ser ela o centro do universo das outras pessoas causarão decepções. Por conseguinte, é necessário, não só no primeiro ano, mas também depois, que os pais se mostrem leves e animados, em vez de apreensivos, no que se refere aos possíveis sofrimentos da criança. Antigamente, os bebês eram logo embrulhados e enleados; seus membros não ficavam livres, suas roupas eram muito quentes e suas atividades espontâneas, reprimidas; por outro lado, eles eram acariciados, acalantados, ninados e embalados. Isso era idealmente errado, pois os transformava em parasitas mimados e desamparados. O certo é: encorajar as atividades espontâneas, mas desencorajar as demandas sobre os outros; não permitir que a criança veja o quanto você faz por ela, nem quanta preocupação tem; deixá-la, sempre que possível, sentir a alegria de uma realização obtida por seus próprios esforços, sem exploração tirânica sobre os adultos. Nosso objetivo, na educação moderna, é reduzir a disciplina externa ao mínimo; mas isso requer uma autodisciplina interna que é muito mais fácil de adquirir no primeiro ano de vida do que em qualquer outro período. Por exemplo: quando você quiser que a criança durma, não a embale, nem a tome nos braços, nem fique onde ela possa vê-lo. Se você fizer isso uma vez, a criança exigirá que você o faça da próxima vez; e, em um espaço de tempo incrivelmente curto, colocar a criança para dormir será um trabalho árduo. Apenas a deixe aquecida, seca e confortável, deite-a sem delongas e, depois de algumas poucas frases tranquilas, saia. Pode ser que ela chore por alguns minutos, mas logo irá parar, a menos que esteja doente. Se você for conferir, verá que ela caiu no sono rapidamente. E vai dormir bem melhor com esse tratamento do que com adulações e indulgências.

O recém-nascido, como já comentamos anteriormente, não tem hábitos, mas apenas reflexos e instintos. Isso significa que seu mundo não é composto por "objetos". Sucessivas experiências são necessárias antes que possa surgir o conceito de "objeto". A sensação do berço, a sensação e o cheiro do seio da mãe (ou da mamadeira) e a voz da mãe ou da babá logo serão familiares. A aparência visual da mãe ou do berço só virá mais tarde, porque o recém-nascido não sabe como focar a visão para distinguir as formas. Só gradualmente, por meio da formação dos hábitos de associação, é que o tato, a visão, o olfato e a audição vão se unir e amalgamar na noção de um objeto, do qual uma manifestação levará à expectativa de outra. Mesmo assim, a criança ainda passará um tempo quase sem sentir a diferença entre pessoas e coisas; um bebê que mama um pouco no peito e um pouco na mamadeira terá, por um tempo, sentimentos semelhantes pela mãe e pela mamadeira. Durante todo esse período, a educação deve se dar por meios puramente físicos. Os prazeres da criança são puramente físicos – comida e calor, sobretudo – e suas dores também são físicas. Os hábitos de comportamento surgem da procura por aquilo que se associa ao prazer e da recusa daquilo que se associa à dor. O choro da criança é, em parte, um reflexo conectado à dor e, em outra parte, um ato que busca o prazer. É claro que, no início, não passa de um reflexo ligado à dor. Porém, como se deve cuidar, se possível, de qualquer dor verdadeira que a criança possa estar sentindo, é inevitável que o choro se associe a consequências prazerosas. A criança, então, logo começa a chorar por desejar prazer, não por sentir dor física; este é um dos primeiros triunfos da inteligência. Mas, por mais que tente, a criança não consegue fazer o mesmo choro de quando está realmente com dor. O ouvido atento da mãe sabe a diferença e, se ela for esperta, irá ignorar o choro que não for expressão de dor física. É fácil e agradável divertir uma criança com cantigas e acalantos. Mas a criança aprende, com uma rapidez incrível, a pedir cada vez mais desses divertimentos, o que logo interfere na necessidade de sono — e o sono deve ocupar quase todo o tempo do dia, excetuando-se as refeições. Alguns desses preceitos podem parecer severos, contudo a experiência tem demonstrado que são benéficos para a saúde e a felicidade da criança.

Mas, enquanto os divertimentos que os adultos proporcionam devem se restringir a certos limites, os que a criança consegue desfrutar por si mesma devem ser encorajados ao máximo. Em primeiro lugar, ela precisa ter oportunidades de chutar e exercitar os músculos. Parece quase inconcebível que nossos antepassados tenham persistido tanto tempo no uso dos cueiros; isso mostra que mesmo o afeto paternal tem dificuldade em superar a preguiça, pois a criança cujos membros estão livres precisa de mais atenção. Assim que a criança consegue focar a visão, ela sente prazer ao observar objetos em movimento, em especial as coisas que tremulam ao vento. A quantidade de divertimentos possíveis é, no entanto, pequena antes de a criança aprender a agarrar os objetos que vê. Quando consegue agarrá-los, sente, imediatamente, um enorme acesso de prazer. Por um tempo, o exercício de agarrar é o suficiente para garantir a felicidade de muitas horas de vigília. O prazer do chocalho também vem nesse estágio. Pouco antes ocorreu o domínio dos dedos das mãos e dos pés. No início, o movimento dos dedos dos pés é puramente reflexo; mas logo a criança descobre que pode mexê-los à vontade. Isso gera todo o prazer de um imperialista conquistando um reino estrangeiro: os dedos dos pés deixam de ser corpos alheios e se incorporam ao ego. A partir de então, a criança se torna capaz de encontrar muitos divertimentos, desde que objetos adequados estejam ao seu alcance. E o divertimento é quase tudo o que a educação requer nesse estágio – desde que se tomem precauções para que a criança não caia, nem engula pequenos objetos, nem se machuque, é claro.

Os primeiros três meses de vida são, como um todo, um pouco monótonos para a criança, a não ser nos momentos em que ela está desfrutando das refeições. Quando a criança se sente confortável, dorme; quando está acordada, normalmente sente algum tipo de desconforto. A felicidade do ser humano depende de suas capacidades mentais, porém estas quase não encontram canal de manifestação em uma criança de menos de três meses, por falta de experiência e controle muscular. Os filhotes de animais começam a desfrutar a vida muito mais cedo, porque dependem mais dos instintos e menos da experiência; mas as coisas que uma criança pode fazer por instinto são muito limitadas para fornecerem mais do que um mínimo de prazer e interesse. De forma geral, os primeiros três meses são um grande tédio. Mas o tédio é necessário para que haja a quantidade adequada de sono; se a criança se divertir muito, não dormirá o suficiente.

Entre o segundo e o terceiro mês de vida, a criança aprende a sorrir e a ter, em relação às pessoas, sentimentos diferentes dos que tem em relação às coisas. Nessa idade, começa a se tornar possível uma relação social entre a criança e a mãe: o bebê consegue demonstrar, e de fato demonstra, prazer ao ver a mãe e desenvolve reações que não são meramente animais. Logo em seguida, surge o desejo de aplauso e aprovação: no meu garoto, isso se mostrou claramente aos cinco meses, quando ele conseguiu, depois de muitas tentativas, levantar da mesa um sininho bastante pesado e tocá-lo, olhando para todos ao redor com um sorriso orgulhoso. A partir desse momento, o educador tem uma nova arma: o elogio e a censura. Essa arma é extraordinariamente poderosa durante toda a infância, mas deve ser usada com muita cautela. Não pode haver nenhuma censura ao longo de todo o primeiro ano e, a partir daí, ela só pode ser usada com muita moderação. O elogio é menos prejudicial. No entanto, não pode ser feito tão facilmente a ponto de perder seu valor, nem ser usado para estimular em excesso a criança. Nenhum pai razoável conseguirá se conter e não elogiar a criança na primeira vez em que ela andar ou disser uma palavra inteligível. E, geralmente, quando a criança supera uma dificuldade depois de esforços persistentes, o elogio é uma recompensa adequada. Além do mais, é bom deixar a criança perceber que você se solidariza com seu desejo de aprender.

Mas, em geral, o desejo de aprender da criança é tão forte que os pais precisam apenas lhe dar oportunidades. Basta dar à criança uma chance de se desenvolver, e seus próprios esforços farão o resto. Não é necessário ensinar a criança a engatinhar, ou a andar, ou a aprender qualquer um dos outros elementos do controle muscular. É claro que ensinamos a criança a falar ao falarmos com ela, mas duvido que funcione qualquer tentativa deliberada de lhe ensinar palavras. As crianças aprendem no seu ritmo, e é um erro tentar forçá-las. O maior incentivo ao esforço, durante toda a vida, é a experiência do êxito depois das dificuldades iniciais. As dificuldades não podem ser tão grandes a ponto de desencorajar, nem tão pequenas que não cheguem a estimular o esforço. Esse é um princípio fundamental, do nascimento à morte. É fazendo nós mesmos que aprendemos. O que os adultos podem fazer é realizar algumas ações simples que a criança talvez queira repetir, como chacoalhar um chocalho, por exemplo, e depois deixar a criança descobrir como fazê-lo. O que os outros fazem é tão somente um estímulo para a ambição, jamais uma educação em si.

Regularidade e rotina são da mais alta importância na primeira infância e, sobretudo, no primeiro ano de vida. Hábitos regulares devem se formar desde o início naquilo que se refere ao sono, à alimentação e à evacuação. Além disso, a familiaridade com o ambiente é muito importante no âmbito mental. Ela ensina à criança o reconhecimento das coisas, evita a tensão excessiva e produz uma sensação de segurança. Às vezes, penso que acreditar na uniformidade da natureza — o que se considera um postulado da ciência — deriva inteiramente do desejo de segurança. Conseguimos lidar com o esperado, porém, se as leis da natureza de repente mudassem, pereceríamos. A criança, por conta de sua fraqueza, precisa de tranquilidade e ficará mais feliz se tudo o que acontecer parecer estar de acordo com leis invariáveis, como se fosse previsível. O amor pela aventura se desenvolve ainda na infância, no entanto, no primeiro ano de vida, qualquer coisa incomum tende a ser alarmante. Se você pode evitar, não deixe que a criança sinta medo. Se ela estiver doente e você, aflito, esconda sua aflição com muito cuidado, para que esta não passe para a criança por meio da sugestão. Evite tudo que possa produzir agitação. E não contribua para a autoimportância da criança deixando-a ver que você se preocupa se ela não dorme, come ou evacua como deveria. Isso se aplica não apenas ao primeiro ano de vida, mas ainda mais aos anos subsequentes. Nunca deixe a criança pensar que uma ação normal e necessária, tal como alimentar-se, que deveria ser prazerosa, é algo que você deseja e quer que ela faça para lhe agradar. Se você deixar, a criança logo perceberá que adquiriu uma nova fonte de poder e terá a expectativa de ser convencida a fazer coisas que deveriam ser espontâneas. Não pense que a criança não tem inteligência para tal comportamento. Seus poderes são pequenos e seu conhecimento, limitado, mas ela tem tanta inteligência quanto um adulto nos campos em que essas limitações não operam. Ela aprende mais nos primeiros doze meses do que jamais voltará a aprender no mesmo espaço de tempo, e isso seria impossível se ela não tivesse uma inteligência muito ativa.

Em suma: trate até o mais novo dos bebês com respeito, como uma pessoa que terá de assumir um lugar no mundo. Não sacrifique o futuro dele a uma conveniência presente sua, nem ao seu prazer de agradá-lo: um gesto é tão nocivo quanto o outro. Nesse caso, como em qualquer outro, a combinação de amor e conhecimento é necessária para se trilhar o caminho certo.

4.
Medo

Nos capítulos a seguir, pretendo abordar vários aspectos da educação moral, especialmente do segundo ao sexto ano de vida. Quando a criança chega aos seis anos, a educação moral já deve estar quase completa; isso quer dizer que as virtudes que serão requisitadas nos anos ulteriores vão se desenvolver espontaneamente no menino ou na menina, como resultado dos bons hábitos já adquiridos e das ambições já estimuladas. Só quando a educação moral foi negligenciada ou fornecida de modo equivocado é que será necessário fazer muita coisa nos anos posteriores.

Vamos supor que a criança chegou saudável e feliz à idade de doze meses, com os fundamentos de um caráter disciplinado já estabelecidos pelos métodos expostos no capítulo anterior. Haverá, sem dúvida, algumas crianças com má saúde, ainda que os pais tomem todos os cuidados conhecidos pela ciência atual. Mas temos esperança de que a quantidade de tais crianças diminua drasticamente com o passar dos anos. Mesmo hoje, se os conhecimentos existentes fossem aplicados de maneira adequada, elas seriam tão poucas que mal teriam importância estatística. Não pretendo considerar o que fazer com crianças cuja primeira educação tenha sido ruim. Isso é um problema para o professor de escola, não para os pais; e este livro se dirige especialmente aos pais.

O segundo ano de vida deve ser de grande felicidade. Andar e falar são conquistas novas, trazendo consigo uma sensação de poder e liberdade. A cada dia, a criança progride em ambos.[1] A brincadeira independente começa a se fazer possível, e a criança tem uma sensação de "ver o mundo" com mais vividez do que alguém pode ouvir do mais experimentado viajante. Pássaros e flores, rios e mares, automóveis, trens e navios, tudo é motivo de deleite e interesse apaixonado. A curiosidade não tem limites: "quero ver" é uma das expressões mais comuns nessa idade. Depois do confinamento ao berço e ao carrinho, correr livre por um jardim, um campo ou uma praia produz um êxtase de emancipação. A digestão já está, em geral, mais forte do que no primeiro ano, a comida é mais variada e a mastigação, uma nova alegria. Por todas essas razões, a vida é uma deliciosa aventura, quando a criança é saudável e bem cuidada.

Todavia, com a maior independência de andar e correr, também pode vir uma nova timidez. O recém-nascido se assusta facilmente; o dr. Watson e sua esposa descobriram que as coisas que mais o assustam são os ruídos fortes e a sensação de estar caindo.[2] O recém-nascido, porém, está sempre tão protegido

---

[1] Talvez isso não esteja absolutamente correto. A maioria das crianças tem períodos de aparente estagnação, o que causa aflição nos pais inexperientes. Mas é provável que durante esses períodos haja progresso sob formas que não são facilmente perceptíveis.

[2] Watson & Watson, Studies in Infant Psychology [Estudos sobre psicologia infantil], *Scientific Monthly*, v.13, p.506.

que quase não tem oportunidade para o exercício racional do medo; e diante dos perigos reais o bebê nada pode fazer, então o medo não lhe tem nenhuma serventia. Durante o segundo e o terceiro ano, novos medos se desenvolvem. Até que ponto são instintivos ou se devem à sugestão, isso é motivo de controvérsia. O fato de os medos não existirem durante o primeiro ano não conclui nada contra seu caráter instintivo, pois os instintos podem amadurecer em qualquer idade. Nem mesmo o freudiano mais intransigente sustentaria que o instinto sexual já está maduro no nascimento. Obviamente, as crianças que podem sair correndo por aí têm mais necessidade de medo do que os bebês, que não podem nem andar; não é de espantar, portanto, que o instinto do medo surja com a necessidade. A questão tem grande importância educacional. Se todos os medos surgem por sugestão, eles podem ser prevenidos pelo simples expediente de nunca demonstrar medo ou aversão diante da criança. Se, por outro lado, alguns medos forem instintivos, precisaremos de métodos mais elaborados.

Em seu livro *The Childhood of Animals* [A infância dos animais], o dr. Chalmers Mitchell apresenta um grande número de observações e experimentos para demonstrar que, normalmente, os filhotes de animais não herdam o instinto de medo.[3] À exceção dos macacos e de alguns pássaros, os filhotes avistam os inimigos perpétuos de sua espécie, tais como as cobras, sem o menor sinal de alerta, quando seus pais não os haviam ensinado a sentir medo desses animais. As crianças de até 1 ano de

---

3 Vim a saber dessas passagens por causa de uma citação presente no livro *Sex and Civilization* [Sexo e civilização], do dr. Paul Bousefield, no qual os mesmos pontos de vista são firmemente defendidos.

idade nunca parecem ter medo de animais. O dr. Watson ensinou certa criança a sentir medo de ratos ao soar um gongo atrás de sua cabeça no momento em que lhe mostrava o animal. O barulho era apavorante e, por associação, o rato também passou a sê-lo. Mas o medo instintivo de animais parece completamente desconhecido nos primeiros meses. O medo de escuro também parece nunca ocorrer às crianças que não foram expostas à sugestão de que o escuro é aterrorizante. Há, por certo, muitos argumentos para se dizer que a maioria dos medos que considerávamos instintivos são, na verdade, adquiridos e não surgiriam se os adultos não os criassem.

Para lançar nova luz sobre esse tema, observei meus filhos com muito cuidado; porém, como nunca poderia saber o que babás e empregadas lhes disseram, a interpretação dos fatos muitas vezes era duvidosa. Até onde posso julgar, minhas observações corroboram os pontos de vista do dr. Watson acerca do medo no primeiro ano de vida. No segundo ano, meus filhos não demonstraram sentir medo de animais, a não ser uma que, durante um tempo, ficou com medo de cavalos. Isso, no entanto, talvez se atribua ao fato de um cavalo ter passado a galope diante dela, com grande estrondo. Ela ainda está no segundo ano de vida e, por conseguinte, para observações posteriores, dependo do meu filho. Perto do fim de seu segundo ano, ele teve uma nova babá, que mostrava muita timidez e, em especial, medo do escuro. Rapidamente ele adquiriu os pavores dela (dos quais não tínhamos conhecimento, no início): fugia de cães e gatos, encolhia-se em um medo abjeto diante de um armário escuro, queria luzes por todos os lados depois que escurecia. Ficou com medo até da irmã mais nova quando a viu pela primeira vez, pensando, aparentemente, que se tratava de um animal estranho, de alguma espécie desconhecida.[4] Pode ser que ele tenha adquirido todos esses medos da babá medrosa; de fato, eles começaram a desaparecer depois que ela foi embora. Havia outros medos que, no entanto, não poderiam ser explicados da mesma forma, pois começaram antes da chegada da babá e se direcionavam a objetos que nenhum adulto julgaria alarmantes. O principal era um medo de tudo o que se movia de um jeito surpreendente, sombras e brinquedos mecânicos, em especial. Depois de ter observado esse fato, entendi que medos desse tipo são normais na infância e que há bons motivos para os considerarmos instintivos. William Stern discute o tema em *Psychology of Early Childhood* [Psicologia da primeira infância], página 494 e seguintes, sob o tópico "Medo do misterioso". Ele diz o seguinte:

> A especial importância dessa forma de medo, particularmente na primeira infância, escapara à atenção da antiga escola de psicólogos infantis e foi mais tarde estabelecida por Groos e por nós. "O medo ao que não é habitual parece fazer mais parte da natureza primitiva do que o medo aos perigos conhecidos" (Groos, p.284). Se a criança se depara com qualquer coisa que não se encaixe no curso familiar de sua percepção, três coisas podem ocorrer. Ou a impressão é tão estranha que acaba simplesmente descartada como um corpo alheio, e a consciência nem chega a notá-la. Ou a interrupção no curso usual da percepção é pronunciada o bastante para atrair atenção, mas não violenta o suficiente

---

4 Creio que este medo era o mesmo que ele sentia diante de brinquedos mecânicos (ver logo a seguir). Na primeira vez em que viu a irmã, ela estava dormindo, e ele pensou que se tratava de uma boneca. Quando ela se moveu, ele se assustou.

para causar distúrbio, tornando-se, antes, uma surpresa, um desejo por conhecimento e o início de todo o pensamento, julgamento ou investigação. Ou, por fim, o novo irrompe subitamente no velho, com violenta intensidade, lança as ideias familiares em inesperada confusão, sem possibilidade imediata de um ajuste prático; segue-se um choque, com um forte tom de descontentamento, o medo do misterioso (inquietante). Groos salienta, com perspicácia, que esse medo do inquietante é algo que se funda evidentemente no medo instintivo; corresponde a uma necessidade biológica que passa de uma geração para a outra.

Stern dá muitos outros exemplos, entre eles o medo de um guarda-chuva que se abre de repente e "o frequente medo de brinquedos mecânicos". O primeiro, aliás, é muito forte entre os cavalos e as vacas: um grande rebanho pode estourar por causa de um guarda-chuva, como eu mesmo tive a chance de verificar. Os pavores do meu filho nesse âmbito eram justamente como os que Stern descreve. As sombras que o amedrontavam eram vagas, sombras que se moviam rapidamente, projetadas no quarto por objetos ocultos (como ônibus passando na rua). Eu o curei fazendo sombras no chão e na parede com meus dedos e encorajando-o a me imitar; pouco depois, ele sentiu que compreendia as sombras e começou a se divertir com elas. O mesmo princípio valeu para os brinquedos mecânicos: quando ele via o mecanismo, não ficava mais com medo; mas, quando o mecanismo era invisível, o processo era mais demorado. Alguém lhe deu uma almofada que emitia um silvo longo e melancólico quando pressionada. Isso o assustou por muito tempo. Mas não escondemos dele o objeto apavorante: deixamo-lo a distância, onde ficava apenas um pouco assustador, fomos criando uma familiaridade gradual e persistimos até o medo cessar por completo. Em geral, a mesma qualidade misteriosa que, em um primeiro momento, causara o medo passa a produzir deleite depois que se supera o medo. Creio que um medo irracional nunca deve ser simplesmente negligenciado, mas, sim, vencido aos poucos, por meio da familiaridade com suas formais mais brandas.

Adotamos – talvez erroneamente – um processo oposto no caso de dois medos racionais que antes estavam ausentes. Passo metade do ano em um litoral rochoso, onde há muitos precipícios. Meu filho não tinha nenhuma noção do perigo das alturas e, se deixássemos, seria capaz de correr pelas escarpas até cair no mar. Certo dia, quando estávamos sentados em uma encosta íngreme que terminava em uma queda de uns 30 metros, nós lhe explicamos, calmamente, como um mero fato científico, que, se ele fosse até a borda, poderia cair e se espatifar como um prato. (Pouco antes, ele tinha visto um prato se quebrar ao cair no chão.) O menino ficou sentado por uns instantes, dizendo para si mesmo "cair, quebrar", e então pediu para ser levado para mais longe da beira do precipício. Tinha 2 anos e meio de idade, mais ou menos. Desde esse dia, ele passou a ter medo de altura, com uma intensidade suficiente para se manter seguro enquanto o vigiávamos. Mas ainda era muito imprudente quando ficava sozinho. Agora, com 3 anos e 9 meses, ele pula de alturas de 2 metros sem hesitar e pularia de 7 se o deixássemos. Isso quer dizer que a instrução da apreensão certamente não produziu resultados excessivos, o que atribuo ao fato de ter sido uma instrução, e não uma sugestão: nenhum de nós estava sentindo medo no instante em que passamos a instrução. Creio que isso é muito importante na educação. A apreensão racional diante dos perigos é necessária; o medo, não. A criança não consegue apreender os perigos sem *algum* elemento de medo, mas esse elemento é muito diminuído quando não se faz presente no instrutor. O adulto encarregado da criança nunca deve sentir medo. Essa é uma das razões pelas quais a coragem deveria ser cultivada nas mulheres tanto quanto nos homens.

O segundo exemplo de medo foi menos deliberado. Certo dia, estava caminhando com meu filho (que tinha 3 anos e 4 meses de idade) e encontramos uma serpente no caminho. Ele já tinha visto fotografias de cobras, mas nunca uma de verdade. Não sabia que as cobras picavam. Ficou encantado com a serpente e, quando ela foi embora, ele saiu correndo atrás. Como eu sabia que ele não conseguiria alcançá-la, não o repreendi e não lhe disse que as cobras eram perigosas. Sua babá, entretanto, passou a proibi-lo de andar na grama alta, em qualquer terreno onde pudesse haver cobras. Como resultado, surgiu nele um leve medo, não maior do que considerávamos desejável.

O medo mais difícil de superar foi, até agora, o medo do mar. Nossa primeira tentativa de levar o garoto para o mar foi na idade de 2 anos e meio. No início, foi impossível. Ele não gostava do frio da água, ficava assustado com o barulho das ondas, tinha a impressão de que elas estavam sempre vindo, nunca indo. Quando as ondas estavam fortes, ele nem chegava perto. Esse foi um período de acanhamento generalizado: animais, ruídos estranhos e várias outras coisas lhe causavam espanto. Lidamos com o medo do mar pouco a pouco. Colocamos o garoto em piscinas naturais rasas, longe do mar, até que o frio deixasse de lhe causar choque. Ao cabo de quatro meses de calor, ele começou a gostar de chapinhar no raso, longe das ondas, mas ainda chorava quando o colocávamos em piscinas mais fundas, onde a água chegava a sua cintura. Nós o acostumamos ao barulho das ondas deixando-o brincar por períodos de mais de uma hora bem perto do mar, mas sem vista para as ondas; depois o levávamos para onde ele pudesse vê-las e o fazíamos notar que elas vinham, mas também iam embora. Tudo isso, combinado ao exemplo de seus pais e de outras crianças, só o levara até o ponto em que ele conseguia chegar *perto* das ondas sem medo. Estou convencido de que o medo era instintivo; tenho certeza de que não houve nenhuma sugestão a causá-lo. No verão seguinte, quando ele tinha a idade de 3 anos e meio, retomamos a questão. Ele ainda demonstrava pavor de entrar nas ondas. Depois de algumas lisonjas malsucedidas, associadas ao espetáculo de todas as outras pessoas se banhando, adotamos métodos fora de moda. Quando ele demonstrava covardia, nós o fazíamos sentir que estávamos envergonhados por causa dele; quando ele demonstrava coragem, nós o elogiávamos calorosamente. Durante duas semanas, nós o mergulhamos até o pescoço no mar, todos os dias, a despeito de seus gritos e resistências.[5] A cada dia, seus choros ficavam menores e, antes que cessassem de vez, ele começou a pedir para que o mergulhássemos. Ao cabo de quinze dias, atingiu-se o resultado desejado: ele já não tinha medo do mar. A partir desse momento, nós o deixamos completamente livre, e, sempre que o tempo permitia, ele se banhava à vontade – e, obviamente, com o maior prazer. O medo não cessara de todo, mas fora em parte reprimido pelo

---

5 O método que adotaram comigo quando tinha a mesma idade era segurar-me pelos tornozelos e forçar minha cabeça sob a água por um tempo. Esse método, por incrível que pareça, foi bem-sucedido em fazer que eu gostasse de água; apesar disso, não o recomendo.

orgulho. A familiaridade, por seu turno, fez o medo diminuir rapidamente, e agora este cessou por completo. Sua irmã, agora com 20 meses de idade, jamais demonstrou qualquer medo do mar e corre para mergulhar sem nenhuma hesitação.

Relatei esse caso com detalhes porque, até certo ponto, ele vai contra as teorias modernas pelas quais tenho grande respeito. O uso da força na educação deveria ser muito raro. Entretanto, para a superação do medo, ela às vezes pode ser, penso eu, salutar. Quando o medo é irracional e intenso, a criança, por si mesma, jamais terá experiências que lhe mostrem que não há motivos para apreensão. Quando a situação se repete sem prejuízos, a familiaridade elimina o medo. Provavelmente, seria inútil forçar a experiência apavorante *apenas uma vez*; ela deve ser repetida o suficiente para que não reste nenhum grau de surpresa. Se a experiência necessária pode ocorrer sem o uso da força, tanto melhor; mas, caso contrário, a força pode ser melhor que a persistência de um medo invencível.

Há mais um ponto a considerar. No caso do meu filho e, presumo, em outros casos também, a experiência de superar o medo é extraordinariamente prazerosa. É fácil animar o orgulho de um garoto: quando ele recebe um elogio por sua coragem, fica radiante pelo resto do dia. Em um estágio mais avançado, um garoto tímido sofre agonias por conta do desprezo dos colegas, e então lhe será muito mais difícil adquirir novos hábitos. Creio, portanto, que a aquisição precoce do autocontrole sobre o medo e o ensino precoce das aventuras físicas têm importância suficiente para justificar o emprego de métodos drásticos.

Os pais aprendem com seus erros; só quando os filhos já cresceram é que descobrem como os deveriam ter educado. Vou narrar um incidente que demonstra as armadilhas do excesso de indulgência. Aos 2 anos e meio, meu filho passou a dormir sozinho em um quarto. Ele ficou muito orgulhoso com a promoção e, de início, dormia a noite inteira. Certa noite, porém, houve um temporal e uma cerca caiu, fazendo um barulho ensurdecedor. Ele acordou apavorado e gritando. Corri para vê-lo; aparentemente, ele acordara de um pesadelo e se agarrou a mim, com o coração batendo forte. Seu terror logo passou. Mas ele reclamou que estava escuro – nessa época do ano, ele normalmente passava as horas sem sol dormindo. Depois que o deixei, o pavor pareceu retornar mitigado, então mantive uma luzinha acesa para ele dormir. Depois disso, ele adotou a prática de chorar quase todas as noites, mas não demorou a ficar claro que o fazia apenas pelo prazer de ter adultos entrando no quarto e causando rebuliço. Então, conversamos com ele, muito calmamente, dizendo que não havia perigo no escuro e que, se ele acordasse no meio da noite, deveria se virar e dormir de novo, pois não viríamos vê-lo, a menos que houvesse algum problema sério. Ele ouviu com atenção e nunca mais chorou à noite, exceto por causas graves e em raras ocasiões. É claro que paramos com a luzinha noturna. Se tivéssemos sido mais indulgentes, provavelmente teríamos feito essa criança dormir mal por muito tempo, talvez por toda a vida.

Mas basta de casos pessoais. Agora precisamos fazer algumas considerações mais gerais sobre os métodos para eliminar o medo.

Depois dos primeiros anos, os melhores instrutores para a coragem física são as outras crianças. Se uma criança tem irmãos mais velhos, estes vão estimulá-la tanto pelo exemplo quanto pela ordem, e a criança vai tentar fazer o que quer que eles façam. Na escola, a covardia física é vilipendiada, e não há necessidade de os professores adultos enfatizarem o assunto. Pelo menos, é esse o caso entre os garotos. Teria de sê-lo igualmente entre as garotas, que deveriam ter exatamente os mesmo padrões de coragem. Nos aspectos físicos, felizmente, já não se ensina às alunas a postura de dama, e seus impulsos naturais em direção às proezas físicas são permitidos em quantidade razoável. Ainda existem, porém, algumas diferenças entre meninos e meninas nesse aspecto. Estou convencido de que não deveria haver nenhuma.[6]

Quando digo que a coragem é desejável, estou adotando uma definição puramente comportamental: um homem é corajoso quando faz coisas que os outros não conseguem fazer devido ao medo. Se ele não sente medo, tanto melhor. Não penso que o controle da vontade sobre o medo seja a única coragem verdadeira, nem mesmo a melhor forma de coragem. O segredo de uma educação moral moderna é produzir resultados por meio de bons hábitos que foram anteriormente produzidos (ou buscados) pelo autocontrole e pela força de vontade. A coragem advinda da vontade produz distúrbios nervosos, para os quais os traumas de guerra fornecem inúmeros exemplos. Os medos que haviam sido reprimidos forçam passagem até a superfície por caminhos que a introspecção não reconhece. Não quero sugerir que se possa dispensar inteiramente o autocontrole; bem ao contrário, nenhum homem pode viver uma vida consistente sem ele. O que quero dizer é que o autocontrole deveria ser necessário apenas nas situações imprevistas, para as quais não se teve educação com antecedência. Teria sido tolice – se é que fosse possível – treinar toda a população para ter, sem esforço,

---

[6] Ver Bousfield, *Sex and Civilization*.

o tipo de coragem necessário na guerra. Era uma necessidade excepcional e temporária, de uma espécie tão extraordinária que, se os hábitos requeridos nas trincheiras tivessem sido instilados na juventude, toda a outra educação ficaria atrofiada.

Em seu livro *Instinct and the Unconscious* [O instinto e o inconsciente], o finado dr. Rivers faz as melhores análises psicológicas que conheço sobre o medo. Ele assinala que um modo de enfrentar uma situação perigosa é a atividade manipulativa e que os que são capazes de empregar esse método de modo adequado não sentem a emoção do medo, pelo menos não conscientemente. É uma experiência válida essa de passar, gradualmente, do medo à capacidade, pois estimula tanto o autorrespeito quanto o esforço. Até mesmo uma questão simples, como aprender a andar de bicicleta, trará essa experiência, ainda que de forma atenuada. No mundo moderno, devido ao aumento da mecanização, esse tipo de capacidade está se tornando cada vez mais importante. Sugiro que a preparação para a coragem física se faça, tanto quanto possível, pelo ensino da capacidade de manipular ou controlar situações problemáticas, não pela competição corporal com outros seres humanos. O tipo de coragem necessário para o montanhismo, para pilotar um avião ou dirigir um barco em um temporal me parece muito mais admirável do que o tipo de coragem necessário à luta. Assim, tanto quanto possível, devo preparar os alunos para formas de destreza mais ou menos perigosas, e não para coisas como o futebol. Se deve haver um inimigo a derrotar, que ele seja uma situação problemática em vez de outro ser humano. Não digo que esse princípio deva ser aplicado de modo pedante, mas apenas que deveria ter mais peso nas atividades atléticas do que tem hoje.

Existem, sem dúvida, mais aspectos passivos na coragem física. Há, por exemplo, a resistência à dor sem que se faça alarde; podemos ensinar isso às crianças ao não dar muita atenção quando elas passam por pequenos percalços. Boa parte da histeria da vida adulta consiste, sobretudo, em um excesso de desejo por compaixão: as pessoas inventam sofrimentos na esperança de serem mimadas e acarinhadas. Usualmente, pode-se evitar que essa disposição se desenvolva desencorajando a criança a chorar por qualquer machucado ou arranhão. Nesse aspecto, a educação do berçário é ainda pior para as meninas do que para os meninos. É tão ruim ser mole com as meninas quanto o é com os meninos; se quisermos que as mulheres sejam iguais aos homens, elas não podem ser inferiores nas virtudes severas.

Vamos agora às formas de coragem que não são puramente físicas. Essas são as formas mais importantes, mas é difícil desenvolvê-las adequadamente quando não se tem uma fundação elementar.

O medo do misterioso já foi considerado, em conexão com os pavores infantis. Creio que esse medo seja instintivo e da maior importância histórica. Deve-se a ele boa parte da superstição. Eclipses, terremotos, pestes e outras ocorrências dessa ordem surgem em graus elevados entre as populações não científicas. É uma forma muito perigosa de medo, tanto individual quanto socialmente; assim, erradicá-lo na infância é muito desejável. O antídoto correto é a explicação científica. Não é necessário que se explique tudo quanto seja misterioso à primeira vista; depois de receber um certo número de explicações, a criança vai concluir que há explicações também para os outros casos e, então, será possível dizer que ainda não se pode dar esta ou aquela explicação. O importante é produzir, o quanto antes, o sentimento de que a sensação de mistério se deve apenas à ignorância, a qual a paciência e o esforço mental podem dissipar. É fato notável que as mesmas coisas que, de início, apavoram as crianças por suas propriedades misteriosas venham a alegrá-las, assim que o medo seja superado. Dessa maneira, o mistério, tão logo cessa de promover a superstição, torna-se um incentivo ao estudo. Meu filho, aos 3 anos e meio de idade, passou muitas horas absorto no estudo solitário de uma seringa de jardim, até conseguir entender como a água entrava e o ar saía e como ocorria o processo inverso. Podemos explicar os eclipses de modo a fazê-los inteligíveis até para crianças bem pequenas. Sempre que possível, deve-se explicar tudo o que for apavorante ou interessante à criança; isso transforma o medo em interesse científico, por meio de um processo que segue inteiramente a linha do instinto e repete a história da raça.

Nesse tema, alguns problemas são difíceis e requerem muito tato. O mais difícil é a morte. A criança logo descobre que as plantas e os animais morrem. E é provável que alguém que conheça venha a falecer antes de ela completar 6 anos de idade. Se a criança tiver uma mente ativa, vai lhe ocorrer que seus pais também morrerão e até mesmo que ela própria morrerá. (Isso é mais difícil de imaginar.) Esses pensamentos vão dar origem a muitas perguntas, que precisarão ser respondidas com cuidado. Uma pessoa cuja crença seja ortodoxa terá menos dificuldade do que uma pessoa que ache que não há vida após a morte. Se você partilha esta última opinião, não diga nada contrário a ela; nenhuma preocupação justifica que um pai conte mentiras para o filho. É melhor explicar que a morte é um sono do qual as pessoas não acordam. Isso deve ser dito sem solenidade, como se fosse a coisa mais banal do mundo. Se a criança se preocupar com sua própria morte, diga a ela que é improvável que isso venha a acontecer por muitos e muitos anos. Seria inútil tentar instilar, nos primeiros anos de vida, um desdém estoico à morte. Não introduza o assunto, mas não o evite quando a criança o introduzir. Faça tudo o que for possível para a criança sentir que nele não há nenhum mistério. Se ela for uma criança normal e saudável, esses métodos serão suficientes para impedir que fique remoendo o tema. Em todas as fases, esteja disposto a conversar de forma plena e franca, a dizer aquilo em que acredita e a passar a impressão de que o tema não tem nada de interessante. Não é bom, nem para os mais velhos, nem para os mais novos, passar muito tempo pensando na morte.

Além dos medos especiais, as crianças são suscetíveis a uma ansiedade difusa. Isso se deve, normalmente, à repressão excessiva dos mais velhos e hoje é, portanto, muito menos comum do que era. As recriminações infinitas, a proibição de barulho e as correções constantes aos modos costumavam fazer da infância uma época infeliz. Ainda me lembro de que, quando tinha 5 anos, disseram-me que a infância era o período mais feliz da vida (pura mentira naqueles tempos). Então, chorei inconsolavelmente, desejei estar morto e fiquei me perguntando como conseguiria suportar os aborrecimentos dos anos por vir. É quase inconcebível, hoje em dia, que alguém diga uma coisa assim para uma criança. A vida da criança é instintivamente prospectiva: está sempre direcionada para as coisas que mais tarde serão possíveis. Isso faz parte do estímulo aos esforços da criança. Fazer com que a criança seja retrospectiva, representar o futuro como pior que o passado, é solapar a vida em seus primórdios. Não obstante, era isso o que sentimentalistas sem coração costumavam fazer em suas conversas sobre as alegrias da infância. Felizmente, a impressão de suas palavras não durava muito. Na maior parte do tempo, acreditei que os adultos eram perfeitamente felizes, porque não tinham lição de casa e podiam comer o que queriam. Essa crença era saudável e estimulante.

O acanhamento é uma dolorosa forma de timidez muito comum na Inglaterra e na China, mas rara em outros lugares. Surge, em parte, pela pouca convivência com estranhos e, em outra parte, pela insistência nas boas maneiras. Na medida do conveniente, as crianças deveriam se acostumar, depois do primeiro ano de vida, a ver desconhecidos e por eles se deixar cuidar. Quanto às boas maneiras, o ensino destas deveria se restringir, de início, ao mínimo necessário para as crianças não se tornarem um incômodo. É melhor deixar que elas convivam com estranhos por alguns minutos sem restrições e depois retirá-las do que esperar que elas fiquem quietas no recinto. Mas, depois de 2 anos, é bom ensiná-las a se distrair sozinhas durante uma parte do dia, com desenhos, argila, instrumentos Montessori ou algo do tipo. O motivo para fazer silêncio sempre deve ser compreensível a elas. As boas maneiras jamais devem ser ensinadas de forma abstrata, exceto quando for possível fazê-lo como uma brincadeira. Mas, assim que a criança for capaz, ela deve compreender que os pais também têm direitos; ela deve conceder liberdade aos outros e ter liberdade para si, o tanto quanto possível. As crianças apreciam a justiça com facilidade e prontamente concederão aos outros o que os outros concedem a ela. Este é o cerne das boas maneiras.

Acima de tudo, se você quiser dissipar o medo em seus filhos, seja destemido você mesmo. Se você tem medo de tempestades de trovões, a criança vai assimilar seu medo na primeira vez em que ouvir um trovão na sua presença. Se você expressa pavor diante da revolução social, a criança sentirá um espanto ainda maior, por não saber do que você está falando. Se você ficar aflito diante das doenças, seu filho também ficará. A vida é cheia de perigos, mas o sábio ignora os inevitáveis e age com prudência, porém sem comoção, perante os que podem ser evitados. Você não pode evitar a morte, mas pode evitar morrer sem testamento; portanto, faça seu testamento e se esqueça de que é mortal. A precaução racional contra o imprevisto é totalmente diferente do medo; faz parte da sabedoria, ao passo que todo medo significa escravidão. Se você não consegue parar de sentir medo, tente evitar que seu filho o perceba. Acima de tudo, dê a ele aquela visão ampla e aquela multiplicidade de interesses vívidos que irão preveni-lo de remoer, na vida adulta, as possibilidades de infortúnios pessoais. Só assim você poderá fazer dele um cidadão livre do universo.

5.
Brincadeira e fantasia

O gosto pela brincadeira é a marca distintiva mais óbvia dos animais jovens, humanos ou não. Nas crianças humanas, esse gosto se faz acompanhar por um inexaurível prazer na fantasia. A brincadeira e a fantasia são necessidades vitais da infância, para as quais devemos fornecer oportunidades, se quisermos que a criança seja feliz e saudável, independentemente de qualquer outra vantagem dessas atividades. Nesse tema há duas questões que dizem respeito à educação: a primeira, o que os pais e as escolas devem fazer para fornecer essas oportunidades? E, a segunda, eles devem fazer algo a mais, no intuito de aumentar a utilidade educacional das brincadeiras?

Comecemos com algumas palavras sobre a psicologia das brincadeiras. Groos tratou exaustivamente do assunto; uma discussão mais resumida se encontra no livro de William Stern, citado no capítulo anterior. Há duas questões separadas nesse assunto: a primeira se refere aos impulsos que produzem a brincadeira; a segunda, à sua utilidade biológica. A segunda questão é a mais fácil. Parece não haver razão para duvidar da teoria mais aceita, a de que, ao brincar, os animais jovens de qualquer espécie ensaiam e praticam as atividades que terão de realizar a sério na vida adulta. A brincadeira entre os filhotes de cachorro é exatamente igual a uma luta entre cães adultos, com a diferença de que eles não se mordem de verdade. O brinquedo dos gatinhos lembra o comportamento dos gatos com os ratos. Os pequenos adoram imitar qualquer trabalho a que assistem, como construir ou cavar, por exemplo; quanto mais importante o trabalho lhes parece, mais eles gostam da brincadeira. E gostam de qualquer coisa que lhes proporcione novas habilidades aos músculos, como pular, escalar ou andar sobre uma tábua estreita – desde que a tarefa não seja muito difícil. Mas, apesar de tudo isso contar, de modo geral, para a utilidade do impulso de brincar, não cobre, de forma alguma, todas as suas manifestações e não deve ser considerado como uma análise psicológica do assunto.

Alguns psicanalistas tentaram ver um simbolismo sexual nas brincadeiras das crianças. Estou convencido de que isso é um absurdo. A principal urgência instintiva na infância não é o sexo, mas o desejo de se tornar adulto ou, melhor dizendo, a vontade de poder.[1] A criança se impressiona com sua própria fraqueza diante das pessoas mais velhas e deseja se tornar igual a elas. Lembro-me muito bem de meu filho profundamente satisfeito ao descobrir que eu já fora criança e que, um dia, ele se tornaria homem; dava para ver o estímulo ao esforço, gerado pela descoberta de que a vitória era possível. Desde muito cedo, a criança quer fazer o que os mais velhos fazem, como se demonstra pela prática da imitação. As irmãs e irmãos mais velhos são muito úteis, porque seus propósitos

---

[1] Ver *The Nervous Child*, do dr. H. C. Cameron, p.32.

Sobre a educação

são compreensíveis e suas capacidades não se encontram tão longe do alcance quanto as dos adultos. A sensação de inferioridade é muito forte nas crianças; quando elas são normais e foram corretamente educadas, a sensação é um estímulo ao esforço; mas, se elas foram reprimidas, a sensação se torna fonte de infelicidade.

Na brincadeira, temos duas formas de vontade de poder: a forma que consiste no aprendizado de como fazer as coisas e a forma que consiste na fantasia. Do mesmo modo como o adulto frustrado se entrega a devaneios que têm significação sexual, a criança normal se entrega a fantasias que têm um significado de poder. Ela gosta de ser um gigante, ou um leão, ou um trem; no seu faz de conta, inspira terror. Quando conto a meu filho a história de Jack, o Matador de Gigantes, tento fazê-lo se identificar com Jack, mas ele sempre escolhe o gigante. Quando sua mãe lhe conta a história do Barba Azul, ele insiste em ser Barba Azul e acha que as mulheres foram justamente punidas por insubordinação. Em sua brincadeira, sempre há uma sanguinolenta profusão de cabeças de moças cortadas. Sadismo, diriam os freudianos; mas ele também gosta de ser um gigante que come criancinhas, ou uma locomotiva que puxa uma carga pesada. O poder, e não o sexo, é o elemento comum dessas fantasias. Certo dia, quando voltávamos de um passeio, eu lhe disse, brincando, é claro, que talvez encontrássemos um certo sr. Tiddliewinks em nossa casa e que, provavelmente, ele não nos deixaria entrar. Depois disso e por um bom tempo, ele sempre ficava na varanda, fazendo o sr. Tiddliewinks e me obrigando a ir para outra casa. O prazer que sentia nessa brincadeira era infindo e, obviamente, a fantasia de poder era aquilo de que ele mais gostava.

Seria, entretanto, uma simplificação indevida supor que a vontade de poder é a única fonte das brincadeiras de criança. Elas também apreciam a fantasia de terror – talvez porque a ciência de que é apenas uma fantasia aumente a sensação de segurança. Às vezes, finjo ser um crocodilo que vem para comer meu filho. Ele grita com tanto realismo que eu paro, achando que ele está realmente apavorado; mas, no momento em que paro, ele diz: "Papai, vire um crocodilo de novo". Boa parte do prazer da fantasia é a simples imersão em um drama – a mesma que faz os adultos gostarem de romances e teatro. Creio que a curiosidade tem parte nisso: ao se fazer de urso, a criança sente que pode saber tudo sobre os ursos. Acredito que todo impulso forte na vida da criança se reflete na brincadeira; o poder só se torna dominante em suas brincadeiras na medida em que é dominante em seus desejos.

Quanto ao valor educacional da brincadeira, todos concordam em louvar o tipo que consiste no ensino de novas aptidões, mas muitos modernos olham desconfiados para o tipo que consiste em fantasia. Os devaneios, na vida adulta, são tidos como mais ou menos patológicos, como um substituto para os esforços na esfera da realidade. Parte do descrédito que caiu sobre os devaneios espirrou sobre as fantasias das crianças, um equívoco, a meu ver. Os professores Montessori não gostam que as crianças transformem seus objetos em trens ou navios ou coisa que o valha: chamam isso de "imaginação desordenada". E têm razão, porque, nesse método, o que as crianças fazem não é realmente brincar, mesmo que assim lhes pareça. Os objetos divertem as crianças, mas seu propósito é a instrução; o divertimento é apenas um meio de instrução. Na brincadeira de verdade, o divertimento é o propósito supremo. Quando a objeção à "imaginação desordenada" se estende à brincadeira genuína, parece-me que vai longe demais. O mesmo vale para a objeção a contar para as crianças histórias sobre fadas, gigantes, bruxas, tapetes mágicos e assim por diante. Não consigo simpatizar com os ascetas da verdade, aliás, nem com ascetas de qualquer tipo. É comum dizer que as crianças não fazem distinção entre fantasia e realidade, mas não vejo motivo para acreditar nisso. Não acreditamos que Hamlet tenha existido, mas ficaríamos aborrecidos com alguém que ficasse nos lembrando desse fato durante a peça. Assim também as crianças se aborrecem com o descuidado alerta de irrealidade, mas não acreditam nem um pouco em seu próprio faz de conta.

A verdade é importante, a imaginação é importante; mas a imaginação se desenvolve mais cedo na história do indivíduo, assim como na história da raça. Tão logo as necessidades físicas da criança estejam atendidas, ela encontra brincadeiras muito mais interessantes do que a realidade. Nas brincadeiras, ela é o rei: governa seu território com um poder que supera o de qualquer monarca mundano. Na realidade, ela tem de ir para a cama em certo horário e obedecer a um bando de preceitos enfadonhos. Ela fica exasperada quando adultos sem imaginação se intrometem em seu *mise-en-scène*. Quando ela constrói uma muralha que nem o maior dos gigantes pode transpor e você passa por cima dela descuidadamente, ela fica com a mesma raiva que Rômulo teve de Remo. Como sua inferioridade em relação a outras pessoas é normal, e não patológica, sua compensação na fantasia também é normal, e não patológica. As brincadeiras não lhe tomam um tempo que seria mais proveitoso se aplicado de outros modos: se todas as suas horas se dedicassem a objetivos sérios, ela logo se tornaria uma pilha de nervos. Um adulto que se perde em sonhos talvez ouça que precisa se esforçar para realizá-los; mas uma criança ainda não pode realizar sonhos a que tem direito de sonhar. Ela não vê suas fantasias como um substituto permanente da realidade; ao contrário, ela tem a esperança ardente de transformá-las em fato quando chegar a hora.

É um erro perigoso confundir a verdade com o mero fato. Nossa vida é governada não apenas pelos fatos, mas também pelas esperanças; o tipo de veracidade que não enxerga nada além dos fatos é uma prisão para o espírito humano. Os sonhos são condenáveis apenas quando se apresentam como um substituto preguiçoso para o esforço de transformar a realidade; quando são um incentivo, constituem um propósito vital na encarnação dos ideais humanos. Eliminar a fantasia na infância é gerar um escravo das coisas existentes, uma criatura presa à terra e, em consequência, incapaz de criar o céu.

Você dirá: tudo isso está certo, mas o que tem a ver com gigantes comendo criancinhas ou com o Barba Azul cortando a cabeça das mulheres? Essas coisas devem existir no céu? A imaginação não precisa ser purificada e enobrecida antes de servir a algum propósito bom? Como você, um pacifista, pode permitir que seu inocente filho se divirta com a ideia de destruir uma vida humana? Como você pode justificar um prazer derivado dos instintos de selvageria que a raça humana tem de superar?

Imagino que o leitor esteja sentindo tudo isso. A questão é importante, e tentarei argumentar por que sustento um ponto de vista diferente.

A educação consiste no cultivo dos instintos, e não em sua supressão. Os instintos humanos são muito vagos e podem se satisfazer de uma grande variedade de maneiras. Para sua satisfação, a maioria deles requer algum tipo de habilidade. O críquete e o beisebol satisfazem ao mesmo instinto, mas um garoto vai jogar o esporte que lhe ensinarem. Assim, o segredo da instrução, no que diz respeito ao caráter, é dar ao homem tipos de habilidade nos quais ele possa empregar seus instintos de maneira útil. O instinto de poder, que na criança se satisfaz cruamente pela identificação com o Barba Azul, pode encontrar, mais tarde, uma satisfação mais refinada, pela descoberta científica, pela criação artística, pela criação e educação de crianças esplêndidas ou por milhares de outras atividades úteis. Se a única coisa que um homem sabe fazer é lutar, sua vontade de poder vai fazê-lo apreciar a batalha. Mas, se ele tiver outros tipos de habilidade, irá encontrar essa satisfação de outro jeito. Se, entretanto, sua vontade de poder foi prejudicada quando era criança, ele será preguiçoso e desinteressado, fará pouco bem e pouco mal; será *a Dio spaciente ed a' nemici sui*.[2] Esse tipo de bondade frouxa não é aquilo de que o mundo precisa, tampouco o que devemos produzir em nossos filhos. Enquanto eles são pequenos e não podem causar muitos danos, é biologicamente natural que vivam, na imaginação, a vida de distantes ancestrais selvagens. Não tema, pois eles não permanecerão nesse nível se você lhes colocar no caminho as habilidades e os conhecimentos necessários para que encontrem satisfações mais refinadas. Quando eu era criança, adorava ficar de cabeça para baixo. Hoje já não faço isso, embora não ache estranho fazê-lo. Do mesmo modo, a criança que gosta de ser o Barba Azul vai superar esse gosto e aprender a procurar o poder de outras maneiras. E, se

---

2 Citação da *Divina comédia*, de Dante Alighieri. Em tradução livre, algo como: "odioso tanto a Deus quanto a seus inimigos". (N. T.)

sua imaginação se mantiver viva durante a infância, por conta do estímulo apropriado a essa fase, é muito mais provável que se mantenha viva nos anos posteriores, quando poderá exercê-la de formas adequadas a um homem. É inútil impor ideias morais em uma idade na qual tais ideias não surtirão efeito e não são necessárias para o controle do comportamento. O único resultado será o tédio e a impermeabilidade a essas mesmas ideias em uma idade mais avançada, quando teriam de ser mais potentes. Essa é apenas uma das razões, entres muitas outras, pelas quais o estudo da psicologia infantil é de vital importância para a educação.

As brincadeiras dos anos posteriores diferem daquelas da primeira infância pelo fato de se tornarem cada vez mais competitivas. De início, a brincadeira da criança é solitária; é difícil para uma criancinha entrar nos jogos dos irmãos mais velhos. Mas a brincadeira coletiva, assim que se faz possível, é tão mais prazerosa que o gosto por brincar sozinha logo desaparece. A educação das classes abastadas inglesas sempre atribuiu uma enorme importância moral aos jogos escolares. Em minha opinião, há certo exagero no tradicional ponto de vista britânico, mas admito que os jogos têm méritos significativos. Desde que não sejam muito especializados, são bons para a saúde; quando se valorizam muito as habilidades excepcionais, os melhores jogadores ficam sobrecarregados, enquanto os outros tendem a virar espectadores. Os jogos ensinam garotos e garotas a suportar a dor sem comoção e a receber a fadiga de bom grado. Contudo, as outras vantagens que se lhes atribuem me parecem bastante ilusórias. Diz-se que os jogos ensinam a cooperação, entretanto, na verdade, ensinam-na apenas em sua forma competitiva. Essa é a forma requisitada pela guerra, não pelo engenho ou pelo tipo certo de relação social. A ciência possibilitou substituir-se a cooperação pela competição, tanto na economia quanto na política internacional; ao mesmo tempo, tornou a competição (sob a forma da guerra) muito mais perigosa do que antes. Por esses motivos, é mais importante hoje do que em tempos passados cultivar a ideia de empreendimentos cooperativos, nos quais o "inimigo" é a natureza física, em vez dos empreendimentos competitivos, nos quais os conquistadores e os conquistados são humanos. Não quero insistir muito nessas considerações, porque a competitividade é natural ao homem e deve encontrar um canal de manifestação, que dificilmente será mais inocente do que os jogos e as competições atléticas. Essa é uma razão válida para não proibir os jogos, porém não uma razão válida para os elevarmos à posição central no currículo escolar. Que as crianças joguem porque gostam de jogar, não porque as autoridades pensam que os jogos são antídotos para o que os japoneses chamam de "pensamentos perigosos".

No capítulo anterior, já falei bastante sobre a importância de superar o medo e desenvolver a coragem; mas a coragem não pode ser confundida com a brutalidade. A brutalidade é o prazer em forçar nossa vontade sobre os outros; a coragem é a indiferença aos infortúnios pessoais. Se tivesse oportunidade, eu ensinaria garotos e garotas a navegar pequenos barcos em águas tempestuosas, a mergulhar de grandes alturas, a pilotar automóveis ou mesmo aviões. Ensinaria garotos e garotas, assim como o fez Sanderson em Oundle, a construir máquinas e correr riscos nos experimentos científicos. Sempre que possível, eu representaria a natureza inanimada como a antagonista dos jogos; a vontade de poder consegue encontrar satisfação nesse contexto tanto quanto na competição com outros seres humanos. A habilidade requisitada desse modo é mais útil do que a habilidade no críquete ou no futebol, e o caráter que se desenvolve se adéqua melhor à moralidade social. E, para além das qualidades morais, o culto ao atletismo envolve uma subvalorização da inteligência. A Grã-Bretanha está perdendo sua posição industrial e, talvez, seu império por causa da estupidez e do fato de que as autoridades não valorizam nem promovem a inteligência. Tudo isso se conecta à crença fanática na suprema importância dos jogos. E é claro que a coisa é mais profunda: a crença de que o recorde esportivo de um jovem dá prova de seu valor é um sintoma de nosso fracasso generalizado em compreender a necessidade da inteligência e do conhecimento no domínio deste complexo mundo moderno. Mas não falarei mais nada sobre esse tópico por agora, pois ele será considerado com maior detalhe mais adiante.

Há um outro aspecto dos jogos escolares que normalmente é considerado bom, mas que acredito ser inteiramente ruim; refiro-me à sua eficácia em promover um *esprit de corps*. As autoridades gostam do *esprit de corps* porque este lhes permite utilizar motivos ruins para o que elas consideram ações boas. Se for necessário fazer algum esforço, ele poderá ser estimulado pela promoção do desejo de sobrepujar algum outro grupo. O problema é que todo motivo que se dá para o esforço é sempre competitivo. É de impressionar quão profundamente os motivos competitivos penetraram em todas as nossas atividades. Se você quiser convencer um município a aumentar as verbas destinadas aos cuidados com as crianças, você tem de assinalar que algum município vizinho já baixou a taxa de mortalidade. Se você quiser convencer um industrial a adotar novos processos

Sobre a educação

claramente mais avançados, você tem de enfatizar o perigo da concorrência. Se você quiser convencer o ministro da Guerra de que um pouco de conhecimento militar é desejável nas patentes superiores — mas não, nem mesmo o temor da derrota irá funcionar nesse caso, de tão forte que é a tradição dos *gentlemen*.[3] Nada se faz para promover o espírito construtivo em si mesmo, nem para fazer as pessoas se interessarem por cumprir seu trabalho de modo eficaz, ainda que ninguém perca nada com isso. Nesse aspecto, nosso sistema econômico tem mais culpa do que os jogos escolares. Contudo os jogos escolares, como são hoje, corporificam o espírito de competição. Se quisermos que o espírito de cooperação tome seu lugar, precisamos fazer uma mudança nos jogos escolares. Mas desenvolver essa questão nos levaria muito longe de nosso tema. Não estou examinando a construção de um Estado bom, e sim a construção de um indivíduo bom, na medida em que isso for possível sob o Estado atual. A melhoria do indivíduo e a melhoria da comunidade devem andar de mãos dadas, mas é o indivíduo o que interessa especialmente àquele que escreve sobre a educação.

---

3 Ver, por exemplo, *The Secret Corps*, do capitão Ferdinand Tuohy, cap.6.

6.
Construtividade

O tema deste capítulo já foi abordado de passagem quando tratamos das brincadeiras, no entanto agora o examinaremos em si mesmo.

Os desejos instintivos das crianças, como já vimos, são vagos; a educação e a oportunidade podem encaminhá-los para os mais diferentes canais de manifestação. Nem a velha crença no pecado original, nem a crença de Rousseau na virtude natural estão de acordo com os fatos. A matéria-prima do instinto é eticamente neutra e pode ser moldada para o bem ou para o mal, por influência do meio. Temos motivos para um certo otimismo quando constatamos que, à exceção dos casos patológicos, a maioria dos instintos das pessoas são, a princípio, suscetíveis ao desenvolvimento em boa forma; e os casos patológicos tendem a diminuir com a devida higiene mental e física nos primeiros anos de vida. Uma educação adequada possibilitaria a vida em conformidade com o instinto, mas seria um instinto treinado e cultivado, e não o impulso bruto e informe que a natureza fornece. O grande cultivador do instinto é a habilidade: habilidade que provê certos tipos de satisfação, mas não outros. Dê ao homem os tipos certos de habilidade e ele será virtuoso; dê a ele os tipos errados, ou nenhum tipo, e ele será perverso.

Essas considerações gerais se aplicam com força especial à vontade de poder. Todos nós gostamos de realizar *alguma coisa*, mas, no que concerne ao amor pelo poder, não nos importa o que realizemos. Falando de modo geral, quanto mais difícil for a realização, mais prazer teremos. Os homens gostam de pescar com *fly* porque é difícil; eles não atiram em um pássaro sentado no galho porque é fácil. Cito esses exemplos porque neles não há motivo ulterior para além do prazer da atividade. Mas o mesmo princípio se aplica a qualquer outro campo. Eu gostava de aritmética até aprender a geometria euclidiana, gostava de Euclides até aprender a geometria analítica, e assim por diante. Uma criança, no início, gosta de andar, depois de correr, depois de pular e subir nas coisas. Aquilo que conseguimos fazer facilmente não nos dá sensação de poder; é a habilidade recém-adquirida, ou a habilidade sobre a qual temos dúvida, que nos dá a emoção do sucesso. É por isso que a vontade de poder se faz tão imensuravelmente adaptável ao tipo de habilidade ensinado.

Tanto a construção quanto a destruição satisfazem a vontade de poder, mas, em regra, a construção é mais difícil e, em consequência, dá mais satisfação a quem consegue realizá-la. Não tentarei dar uma definição pedantemente exata de construção e destruição; suponho apenas, em termos gerais, que construímos quando aumentamos o potencial de energia do sistema em que estamos interessados e que destruímos quando diminuímos seu potencial de energia. Ou, em termos mais psicológicos, construímos quando produzimos uma estrutura predeterminada e destruímos quando liberamos as forças naturais para alterar uma estrutura preexistente, sem nos interessar pela nova estrutura resultante. Qualquer que seja o valor dessas definições, todos nós sabemos, na prática, se devemos considerar uma atividade construtiva, exceto nos raros casos em que alguém diz que está destruindo com o propósito de reconstruir e não sabemos se essa pessoa fala sinceramente.

Como a destruição é mais fácil, as brincadeiras das crianças normalmente começam por aí e só passam à construção em um estágio posterior. Uma criança brincando com um baldinho na praia gosta que os adultos façam forminhas de areia para que ela, logo depois, as destrua com a pá. Mas, assim que ela consegue fazer as forminhas por si mesma, fica feliz e não deixa que os outros as destruam. Quando a criança começa a brincar com tijolinhos, gosta de destruir torres feitas pelos adultos. Entretanto, quando aprende a construir sozinha, fica extraordinariamente orgulhosa de seu feito e já não suporta ver seus esforços arquitetônicos reduzidos a um monte de ruínas. O impulso que faz a criança gostar da brincadeira é exatamente o mesmo em ambas as idades, mas a nova habilidade mudou a ação que resulta do impulso.

O começo de muitas virtudes acontece na experiência das alegrias da construção. Quando uma criança lhe pede para não destruir suas construções, você pode facilmente fazê-la entender que ela também não pode destruir as coisas dos outros. Nesse sentido, você pode criar respeito pelo produto do trabalho, a única fonte de propriedade privada que é socialmente inócua. E, assim, você também incentiva a paciência, a persistência e o poder de observação da criança; sem essas qualidades, ela não conseguirá edificar sua torre até a altura que estabelecera em seu coração. Ao brincar com as crianças, você deve construir apenas o suficiente para estimular a ambição delas e mostrar como se faz; depois disso, a construção tem de ficar a cargo da criança.

Se a criança tem acesso a um jardim, é fácil cultivar uma forma mais elaborada de espírito construtivo. O primeiro impulso de uma criança no jardim é pegar todas as flores mais bonitas. É fácil impedir isso pela proibição, mas a mera proibição é inadequada como educação. O que se quer é produzir na criança o mesmo respeito pelo jardim que impede os adultos de saírem arrancando as plantas. O respeito dos adultos se deve à percepção do trabalho e do esforço exigidos para que se chegue a um resultado agradável. Por volta dos 3 anos de idade, você pode dar à criança um canto do jardim e encorajá-la a plantar algumas sementes. Quando as plantas brotarem e desabrocharem, as flores da criança lhe parecerão preciosas e maravilhosas; então ela poderá entender que as flores da mãe também devem ser tratadas com carinho.

A eliminação da crueldade irrefletida pode ser mais facilmente alcançada por meio de um interesse na construção e no crescimento. Quase todas as crianças, assim que atingem certa idade, querem matar moscas e outros insetos; isso depois as leva a matar animais maiores e, no limite, até os homens. Nas famílias típicas das altas classes inglesas, considera-se a matança de pássaros um grande feito, e a matança de homens na guerra é tida como a mais nobre das profissões. Essa atitude está de acordo com o instinto não treinado: o instinto dos homens que não possuem nenhuma forma de habilidade construtiva e, portanto, são incapazes de encontrar alguma corporificação inocente de sua vontade de poder. Eles fazem morrer os faisões e sofrer os arrendatários; quando surge a oportunidade, podem atirar em um rinoceronte ou em um alemão. Mas, nas artes mais úteis, são inteiramente faltos, pois seus pais e professores acharam que já era o bastante transformá-los em *gentlemen* ingleses. Não creio que, no instante do nascimento, eles sejam mais estúpidos do que qualquer outro bebê; suas deficiências na vida adulta se atribuem inteiramente à má educação. Se, desde cedo, tivessem sido levados a sentir o valor da vida observando seu desenvolvimento com um afetuoso senso de propriedade; se tivessem adquirido formas de habilidade construtiva; se tivessem sido levados a, com apreensão, perceber quão rápida e facilmente pode ser destruído o produto laborioso de uma solicitude — se tudo isso houvesse desde cedo participado de seu treinamento moral, eles não seriam tão propensos a destruir o que os outros criaram ou guardaram. Nesse aspecto, o grande educador na vida adulta é a paternidade, desde que o instinto tenha surgido de modo adequado. Mas isso raramente acontece aos ricos, porque eles deixam a criação dos filhos a cargo de profissionais pagos; por isso, não podemos esperar até que eles se tornem pais para começarmos a erradicar suas tendências destrutivas.

Todo autor que teve criadas não educadas sabe como é difícil (o público talvez deseje que fosse impossível) impedir que elas acendam o fogo com seus manuscritos. Um colega autor, mesmo se fosse um inimigo invejoso, jamais pensaria nesse tipo de coisa, porque a experiência lhe ensinou o valor dos manuscritos. Do mesmo modo, o menino que tem um jardim não vai pisotear nos canteiros dos outros, e o garoto que tem um bicho de estimação vai aprender a respeitar os animais. É mais provável que o respeito humano pela vida exista em quem se deu ao trabalho de cuidar dos próprios filhos. É o trabalho que temos com nossos filhos o que induz às formas mais intensas de afeto paternal; naqueles que evitam esse trabalho, o instinto paternal fica mais ou menos atrofiado e permanece apenas como um senso de responsabilidade. Mas é muito mais provável que os pais se deem ao trabalho de cuidar dos filhos se seus impulsos construtivos foram plenamente desenvolvidos; assim, também por esse motivo, é muito desejável prestar atenção a tal aspecto da educação.

Quando falo em construtividade, não estou pensando apenas na construção material. Ocupações tais como a representação teatral e o canto coral envolvem uma construção cooperativa não material; são prazerosas a muitas crianças e jovens e deveriam ser encorajadas (embora não forçadas). Até mesmo em assuntos puramente intelectuais, é possível ter uma tendência construtiva ou destrutiva. A educação clássica é quase inteiramente crítica: o garoto aprende a evitar erros e a menosprezar quem os comete. Isso tende a produzir um tipo de exatidão fria, na qual se substitui a originalidade pelo respeito à autoridade. O latim correto está fixado para todo o sempre: é o de Virgílio e Cícero. A ciência correta está em contínua transformação, e um jovem hábil pode se animar para contribuir nesse processo. Por consequência, é mais provável que a atitude produzida por uma educação científica seja mais construtiva do que a produzida pelo estudo de línguas mortas. Sempre que o objetivo principal da educação for evitar o erro, ela tenderá a produzir um tipo de pessoa intelectualmente apática. A perspectiva de fazer algo ousado com o conhecimento deve se oferecer a todo jovem capaz, seja moço ou moça. Muitas vezes, considera-se que a educação produz algo análogo às boas maneiras, um mero código negativo pelo qual se evita o solecismo. Em tal educação, esqueceu-se o espírito construtivo. Como se pode esperar, o sujeito que normalmente se produz é mesquinho, sem iniciativa, pouco generoso. Tudo isso é evitado quando a realização positiva constitui o objetivo da educação.

Nos últimos anos da educação, tem de haver um estímulo à construtividade social. Quero dizer: deve-se encorajar os alunos cujas inteligências forem adequadas a usar a imaginação para pensar em modos mais produtivos de utilizar as forças sociais existentes ou criar novas. Muitos homens leem *A República* de Platão, mas em nenhum ponto conectam as ideias do livro à política atual. Quando afirmei que o Estado russo de 1920 tinha ideais quase idênticos aos que aparecem em *A República*, foi difícil dizer quem ficou mais chocado, os bolchevistas ou os platonistas. Um clássico da literatura é lido sem qualquer tentativa de ver o que a obra pode significar para a vida das pessoas. Isso é ainda mais recorrente com uma Utopia, porque ninguém nos diz qual caminho pegar para sair de nosso sistema social atual e chegar a ela. A aptidão mais valiosa, nesse aspecto, é a capacidade de julgar acertadamente qual é o próximo passo. Os liberais ingleses do século XIX tiveram esse mérito, mesmo que pudessem se horrorizar com os resultados últimos que suas medidas estavam fadadas a produzir. Muita coisa depende do tipo de imagem que domina o pensamento de um homem, quase sempre de modo inconsciente. Pode-se conceber um sistema social de muitas maneiras; as mais comuns são o molde, a máquina e a árvore. A primeira pertence às concepções estáticas de sociedade, tais como as de Esparta e da China tradicional: a natureza humana é vertida dentro de um molde e se solidifica em uma forma preconcebida. Algo dessa ideia persiste em qualquer rígida convenção moral ou social. O homem cuja visão é dominada por essa imagem terá uma perspectiva política de certo tipo – firme e inflexível, severa e persecutória. O homem que concebe a sociedade como uma máquina é mais moderno. Tanto o industrialista quanto o comunista pertencem a essa classe. Para eles, a natureza humana é desinteressante e as finalidades da vida são simples – em regra, a maximização da produção. O propósito da organização social é assegurar essas finalidades simples. O problema é que os seres humanos de verdade não as desejam; eles persistem em querer todos os tipos de coisas caóticas, as quais parecem desprezíveis à mente do organizador. Isso leva o organizador de volta ao molde, no intuito de produzir seres humanos que desejem o que ele acha que é bom. E isso, por sua vez, leva à revolução.

O homem que imagina um sistema social como uma árvore terá uma perspectiva política diferente. Uma máquina que não funciona pode ser descartada e substituída por outra. Mas, se uma árvore for cortada, muito tempo tem de passar para que uma nova árvore alcance a mesma força e tamanho. Uma máquina ou um molde são o que o criador quer que sejam; uma árvore tem sua natureza específica e pode se transformar apenas em um exemplo melhor ou pior de sua espécie. A construtividade aplicada às coisas vivas é bem diferente da construtividade aplicada às máquinas: tem funções mais modestas e requer um tipo de empatia. Por esse motivo, quando ensinamos o espírito construtivo aos jovens, devemos lhes dar oportunidades para exercitá-lo com plantas e animais, e não apenas com tijolos e máquinas. A física vem dominando o pensamento desde os tempos de Newton e a prática desde a Revolução Industrial; isso acarretou uma concepção mecânica da sociedade. A evolução biológica introduziu um novo conjunto de ideias, mas estas foram, de certo modo, encobertas pela seleção natural, a qual deveríamos ter como objetivo eliminar das questões humanas, por meio da eugenia, do controle de natalidade e da educação. A concepção de sociedade como uma árvore é melhor do que a concepção como molde ou máquina, mas ainda apresenta defeitos. É para a psicologia que devemos olhar no intuito de suprir suas deficiências. A construtividade psicológica é nova e especial, muito pouco compreendida ainda. Ela é essencial para uma teoria da educação correta, para a política e para todas as questões humanas. E deveria dominar a imaginação dos cidadãos que não querem se deixar guiar por falsas analogias. Algumas pessoas têm medo da construtividade nas questões humanas porque temem que ela seja mecânica; acreditam, portanto, na anarquia e no "retorno à natureza". Neste livro, estou tentando demonstrar, por meio de exemplos concretos, como a construção psicológica difere da construção de uma máquina. O lado imaginativo dessa ideia tem de se tornar familiar à educação superior; se este fosse o caso, acredito que nossa política deixaria de ser obtusa, contundente e destrutiva para se tornar maleável e verdadeiramente científica, tendo como seu objetivo o desenvolvimento de homens e mulheres esplêndidos.

7.
Egoísmo e propriedade

Chego agora a um problema análogo ao do Medo, em que nos deparamos com um impulso forte, em parte instintivo e largamente indesejável. Em todos esses casos, temos de tomar cuidado para não distorcermos a natureza da criança. É inútil fecharmos os olhos para a sua natureza ou desejarmos que ela fosse diferente; temos de aceitar a matéria-prima fornecida, e não tratá-la de maneiras aplicáveis apenas a um material diferente.

O egoísmo não tem uma concepção ética plenamente definida; quanto mais é analisado, mais vago fica. Porém, como fenômeno de berçário, é perfeitamente definível e apresenta problemas com os quais é necessário lidar. Se permitirmos, a criança mais velha vai tomar os brinquedos da mais nova, demandar uma parcela maior da atenção dos adultos e, em geral, realizar seus desejos, independentemente das frustrações da criança mais nova. O ego humano, assim como os gases, sempre irá se expandir até ser contido por uma pressão externa. Nesse aspecto, o objetivo da educação é fazer com que a pressão externa assuma as formas de hábitos, ideias e empatias na mente da criança, e não as formas de tapas, pancadas e castigos. A ideia necessária é a de justiça, não a de autossacrifício. Toda pessoa tem direito a seu espaço no mundo e não deveria ser levada a sentir que é perversa por exigir o que lhe é de direito. Quando se ensina o autossacrifício, a impressão é a de que ele não será totalmente praticado e que os resultados práticos não serão muito bons. Mas, na verdade, ou as pessoas fracassam em aprender a lição, ou se sentem culpadas quando exigem a mera justiça, ou levam o autossacrifício a extremos de ridículo. Neste último caso, elas sentem um ressentimento obscuro contra quem os fez renunciar e, provavelmente, permitirão que o egoísmo retorne pela porta dos fundos da exigência de gratidão. De qualquer modo, o autossacrifício não consegue ser uma doutrina verdadeira, porque não pode ser universal; e é totalmente indesejável ensinar a falsidade como meio para a virtude, porque, quando se percebe a falsidade, a virtude evapora. A justiça, ao contrário, pode ser universal. Ela é, por conseguinte, a concepção que devemos tentar incutir nos pensamentos e hábitos da criança.

É difícil, talvez até impossível, ensinar a justiça a uma criança solitária. Os direitos e desejos dos adultos são tão diferentes dos da criança que não têm nenhum apelo imaginativo; dificilmente haverá uma competição direta pelos mesmos prazeres. Além disso, como os adultos estão em posição de exigir obediência a seus comandos, eles têm de ser juízes da própria causa e não passar à criança a impressão de um tribunal imparcial. Os adultos podem, é claro, apresentar preceitos definidos, inculcando esta ou aquela forma de comportamento conveniente: não interromper quando a mãe estiver fazendo as contas, não gritar quando o pai estiver ocupado, não se intrometer na conversa quando houver visitas. Mas são exigências inexplicáveis para a criança, às quais ela, é verdade, irá se submeter de bom grado se for bem tratada, mesmo que não façam sentido à sua noção do que seja razoável. Está certo que se faça a criança obedecer a tais regras, porque não se pode permitir que ela seja tirana e porque ela tem de entender que as outras pessoas também dão importância a seus próprios afazeres, por mais estranhos que estes possam parecer. Tais métodos, contudo, não conseguem muito mais do que bom comportamento externo; a verdadeira educação para a justiça só pode existir quando há outras crianças. Essa é uma das razões pelas quais nenhuma criança deve ficar solitária por muito tempo. Os pais que tiveram a infelicidade de gerar apenas um filho devem fazer tudo o que puderem para lhe garantir companhia, mesmo ao custo de afastar a criança de casa, se não houver outro meio. Uma criança solitária será reprimida ou egoísta – ou mesmo as duas coisas, alternadamente. Um filho único bem comportado é patético, e um mal comportado é um incômodo. Em uma época de famílias pequenas, esse problema é mais sério do que antes. É uma das bases para o argumento a favor das escolas maternais, sobre as quais falarei em um capítulo mais adiante. Por enquanto, considerarei o caso de uma família de pelo menos dois filhos, com idades não muito distantes, para que seus gostos sejam basicamente os mesmos.

Onde houver disputa por um prazer que só pode ser desfrutado por uma criança de cada vez, como uma corrida de carrinho de mão, por exemplo, logo se verá com que facilidade as crianças compreendem a justiça. Seu impulso, por certo, é o de exigir o prazer para si mesmas, à exclusão dos outros, mas surpreende ver quão rapidamente esse impulso fica superado assim que os adultos introduzem o sistema da "vez de cada um". Não creio que o senso de justiça seja inato, mas fico atônito ao ver a facilidade com que pode ser criado. É claro que essa justiça precisa ser verdadeira, que não pode haver nenhuma propensão secreta. Se você gosta mais de uma criança do que de outra, precisa ficar atento para não deixar que seu afeto tenha alguma influência sobre a distribuição dos prazeres. É bastante reconhecido o princípio de que as brincadeiras devem ser iguais.

É inútil tentar lidar com a demanda de justiça por meio de qualquer tipo de educação moral. Não dê mais do que justiça, mas não espere que a criança vá aceitar menos. Há um capítulo em *The Fairchild Family*, sobre "os pecados secretos do coração", que ilustra os métodos que se devem evitar. Lucy afirma que tem sido boa, mas sua mãe lhe diz que, mesmo quando seu comportamento está correto, seus pensamentos são maus. Ela cita: "O coração é a mais enganosa de todas as coisas, desesperadamente perverso" (Jeremias, 17:9). Então, a sra. Fairchild dá a Lucy um livrinho para o registrar das coisas "desesperadamente perversas" que estão em seu coração, enquanto, por fora, ela se faz de boazinha. No café da manhã, os pais presenteiam sua irmã com um laço e seu irmão com uma cereja, mas não dão nada a Lucy. Ela registra no livrinho que, nesse momento, teve um pensamento perverso, que seus pais amavam a irmã e o irmão mais do que a ela. Aprendera – e acreditava – que deveria lidar com esse pensamento por meio da disciplina moral; mas, por esse método, o pensamento só poderia se esconder em uma camada mais profunda, vindo a produzir efeitos estranhos e distorcidos anos mais tarde. Para ela, a atitude apropriada teria sido a expressão de seu sentimento e, para os pais, dissipá-lo, fosse com um presente também para ela, fosse com uma explicação pela qual ela pudesse compreender que deveria esperar pela próxima vez, pois não havia mais presentes disponíveis no momento. A verdade e a franqueza dissipam as dificuldades, no entanto a tentativa de reprimi-las com disciplina moral só as agrava.

O senso de propriedade está estreitamente ligado ao senso de justiça. Essa é uma questão difícil, que precisa ser abordada com muito tato, e não por um conjunto rígido de regras. Na verdade, existem muitas considerações conflitantes, que dificultam a argumentação. Por um lado, o amor à propriedade produz muitos males terríveis nos anos posteriores; o temor de perder posses materiais valiosas é uma das maiores fontes da crueldade política e econômica. É desejável que homens e mulheres possam, tanto quanto possível, encontrar sua felicidade de maneiras que não estejam sujeitas à propriedade privada, ou seja, em atividades criativas, ao invés de defensivas. Por esse motivo, não é muito sábio cultivar o senso de propriedade nas crianças, caso se possa evitá-lo. Mas, antes de levar essa perspectiva à ação, há que se considerar alguns argumentos muito fortes do outro lado, os quais seria perigoso negligenciar. Em primeiro lugar, o senso de propriedade é muito intenso nas crianças; ele se desenvolve assim que elas conseguem agarrar os objetos que veem (a coordenação óculo-manual). Elas sentem que lhes pertence tudo aquilo que conseguem agarrar e ficam indignadas se lhes tomamos o objeto. Nós ainda usamos a palavra *holding* ["segurar", "ter a posse"] para falar de propriedade [como em "arrendamento" ou "terra arrendada"], e a palavra *maintenance* ["manutenção", "subsistência"] significa *holding in the hand* ["ter nas mãos"]. Essas palavras demonstram a antiga conexão entre a propriedade e o ato de agarrar, ter em mãos. O mesmo ocorre com o termo *grasping* [que significa "agarrar", mas também "avarento"]. Uma criança que não tem brinquedos próprios junta gravetos, lascas de tijolos e qualquer outra coisa que encontre e as guarda como tesouros seus. O desejo de propriedade é tão profundo que não pode ser frustrado sem que se corra perigo. Além disso, a propriedade cultiva o cuidado e inibe o impulso de destruição. Especialmente útil é a propriedade de qualquer coisa que a criança tenha feito sozinha; se não lhe permitirmos isso, seus impulsos criativos serão reprimidos.

Quando os argumentos são assim tão conflitantes, não podemos adotar nenhuma política definitiva, mas devemos nos guiar, em grande parte, pelas circunstâncias e pela natureza da criança. Mesmo assim, pode-se dizer algo para reconciliar essas oposições na prática.

Quanto aos brinquedos, alguns devem ser particulares e outros, comuns. Para citar um exemplo extremo, um cavalo de balanço será sempre comum, é claro. Isso sugere um princípio: um brinquedo deve ser de uso comum quando puder ser usufruído por todos, mas apenas por um de cada vez, e for muito caro ou grande para ser duplicado. Por outro lado, os brinquedos mais adequados a uma criança do que a outra (por causa da diferença de idade, por exemplo) podem pertencer àquela a quem proporciona mais prazer. Se um brinquedo exigir o manuseio cuidadoso que só uma criança mais velha aprendeu, é justo que não se permita a uma criança mais nova usá-lo e estragá-lo. Nesse caso, a criança mais nova deve deter, como compensação, a propriedade privada de brinquedos especialmente apropriados à sua idade. Depois dos 2 anos, a criança não deve receber a reposição imediata de um brinquedo que ela tenha quebrado por falta de cuidado; aliás, é bom que ela sinta, por um tempo, falta do brinquedo. Não deixe que a criança sempre se recuse a emprestar seus brinquedos a outras crianças. Se ela tiver mais brinquedos do que consegue usar, não deve ter a permissão para reclamar quando outra criança brinca com os que não estão em uso. Mas aqui tenho de fazer exceção aos brinquedos que a outra criança possa vir a quebrar e àqueles a partir dos quais a criança dona tenha edificado algo de que sinta orgulho. Até que o edifício seja esquecido, ele deve, sempre que possível, ficar de pé, como um prêmio ao seu engenho. Feitas essas ressalvas, não deixe a criança desenvolver uma atitude invejosa: jamais permita que ela impeça, por mero capricho, o divertimento de outra criança. Não é muito difícil ensinar um mínimo de comportamento decente a esse respeito, e para isso muito valerá a firmeza necessária. Não permita que a criança tome coisas de outra, mesmo quando for seu direito fazê-lo. Se uma criança mais velha for má com uma mais nova, demonstre uma maldade semelhante com a mais velha e, de imediato, explique o porquê de sua atitude. Com esses métodos, não será difícil estabelecer o grau de gentileza que uma criança deve ter com a outra para evitar as tormentas e lágrimas constantes. Em algumas ocasiões, um certo grau de firmeza será necessário, ou até mesmo uma leve punição. Mas de forma alguma pode-se admitir que seja desenvolvido um hábito de tirania sobre os mais fracos.

Além de permitir que a criança tenha posse de certo número de brinquedos muito queridos, é bom que nela encorajemos o hábito de usar brinquedos, tais como tijolinhos, sobre os quais só terá direito exclusivo enquanto os estiver usando. Os objetos Montessori são de uso comum a todas as crianças, mas, quando uma estiver usando tal objeto, nenhuma outra poderá interferir. Isso desenvolve um senso de propriedade temporária, limitada ao uso; tal senso não vai contra nada que seja desejável nos anos posteriores da educação. Para as crianças muito novas, esse método é de difícil aplicação, porque elas ainda não são construtivas o bastante. À medida que elas ganham novas habilidades, contudo, vai se tornando cada vez mais possível envolvê-las no processo de construir. Quando elas sabem que podem ter o material para construção sempre que quiserem, não se importam se outras crianças também o tenham, e a relutância em compartilhar, que às vezes sentem a princípio, logo se dissipa com o costume. Mesmo assim, quando atinge certa idade, a criança deve, penso eu, ter seus próprios livros, porque isso irá aumentar seu amor por eles e, portanto, estimular a leitura. Os livros de sua propriedade deverão, tanto quanto possível, ser bons, tais como os de Lewis Carrol e *Tanglewood Tales*, e não porcarias. Se as crianças querem porcarias, estas devem ser de propriedade comum.

Os princípios gerais são: primeiro, não gerar na criança um sentimento de frustração por não ter propriedade o suficiente; esse é o caminho para produzir um avarento. Segundo, permitir que a criança tenha propriedade privada, quando esta estimula uma atividade desejável e, especialmente, quando ensina o manuseio cuidadoso. Todavia, feitas essas ressalvas, volte a atenção da criança, tanto quanto conseguir, para prazeres que não envolvem a propriedade privada. E, mesmo quando houver propriedade privada, não permita que a criança seja má ou mesquinha com outras crianças que quiserem brincar com suas coisas. Nesse ponto, o ideal é induzi-la a emprestar seus brinquedos de livre vontade; se for necessário o emprego da autoridade, não se alcançarão os fins visados. Em uma criança feliz, não é difícil gerar essa disposição generosa; mas, se a criança for sedenta de prazeres, ela irá se agarrar, é claro, àqueles que estão disponíveis. Não é por meio do sofrimento que as crianças aprendem a virtude, mas, sim, por meio da felicidade e da saúde.

8.
Verdade

Produzir o hábito da verdade deveria ser um dos maiores objetivos da educação moral. Não quero dizer verdade apenas no discurso, mas também no pensamento; para ser sincero, entre os dois, o segundo me parece mais importante. Prefiro uma pessoa que minta com toda a consciência do que está fazendo, a uma pessoa que subconscientemente se engane e, logo depois, imagine que é virtuosa e verdadeira. De fato, nenhum homem que pense com verdade pode acreditar que será *sempre* errado faltar com a verdade. Os que pensam que falar mentira é sempre errado têm de suplementar essa opinião com uma boa dose de casuística e uma prática considerável em ambiguidades enganadoras, por meio das quais eles se iludem, sem admitir a si mesmos que estão mentindo. Mesmo assim, creio que sejam poucas as ocasiões nas quais a mentira se justifique – muito mais raras do que se poderia inferir pela prática de homens de mente elevada. E quase todas as ocasiões que justificam a mentira são aquelas em que o poder está sendo usado de forma tirânica, ou em que as pessoas estão engajadas em alguma atividade perniciosa, tal como a guerra; por isso, em um bom sistema social, essas ocasiões serão ainda mais raras do que são hoje.

A inverdade, como prática, é quase sempre produto do medo. A criança criada sem medo será verdadeira, não em virtude de um esforço moral, mas porque nunca lhe ocorrerá ser diferente. A criança que foi criada com sabedoria e gentileza tem uma expressão franca nos olhos e um comportamento destemido, até mesmo com os estranhos; já a criança que ficou sujeita a críticas e severidade vive em perpétuo terror de sofrer repreensão e com medo de transgredir alguma regra, mesmo quando se comporta de maneira natural. A princípio, não ocorre à criança pequena que é possível mentir. A possibilidade de mentir é uma descoberta, dada pela observação de adultos movidos pelo pavor. A criança descobre que os adultos mentem para ela e que é perigoso dizer-lhes a verdade; sob essas circunstâncias, aprende a mentir. Se você evitar esses incentivos, ela não vai pensar em mentir.

Mas é necessário uma certa cautela para julgar se as crianças são verdadeiras. Sua memória é muito falha e elas muitas vezes não sabem a resposta para uma pergunta, mesmo quando os adultos julgam que sabem. Sua noção de tempo é muito vaga: uma criança com menos de 4 anos de idade dificilmente faz distinção entre o dia de ontem e a semana passada, ou entre ontem e seis horas atrás. Quando elas não sabem uma resposta, tendem a dizer sim ou não de acordo com a sugestão do tom de voz de quem pergunta. Além disso, elas, com frequência, falam como se fossem um personagem do faz de conta. Quando as crianças lhe dizem, solenemente, que há um leão no jardim, esse faz de conta fica óbvio; mas, em muitos casos, é bem fácil confundir a brincadeira com a sinceridade. Por todos esses motivos, as declarações de uma criança pequena são, muitas vezes, objetivamente falsas, mas não têm a menor intenção de enganar. Na verdade, as crianças tendem, de início, a achar que os adultos são oniscientes e, portanto, imunes à enganação. Meu filho de quase 4 anos de idade sempre me pede para lhe contar (pelo prazer de ouvir uma história) o que aconteceu com ele em uma situação a que não estive presente; sinto que me é quase impossível convencê-lo de que não sei o que se passou. Os adultos ficam sabendo de tantas coisas, por modos que a criança não entende, que ela não consegue imaginar limites ao poder dos mais velhos. Na Páscoa passada, meu filho ganhou um monte de ovos de chocolate. Nós lhe dissemos que, se ele comesse muito, passaria mal, mas, depois do alerta, deixamos que fizesse o que bem entendesse. Ele comeu demais e passou mal. Depois, assim que a crise se encerrou, veio a mim, com um sorriso radiante, dizendo, em uma voz que era quase de triunfo: "Eu passei mal, papai... Papai disse que eu iria passar mal". Seu prazer com a verificação de uma lei científica foi incrível. Desde então, é possível lhe dar chocolates sem maiores problemas, mesmo nas poucas vezes em que lhe damos; mais que isso, ele acredita tacitamente em tudo o que dizemos ser bom para ele. Para chegarmos a esse resultado, não precisamos nos valer de exortação moral, nem de punição, nem de medo. Precisamos, sim, em um estágio anterior, de paciência e firmeza. Ele está quase na idade em que é comum que os garotos roubem doces e mintam a respeito. Ouso dizer que ele vai roubar, às vezes, mas ficarei surpreso se ele mentir. Quando uma criança mente, os pais devem repreender a si próprios, não a criança; devem lidar com o assunto removendo suas causas e explicando, com cuidado e razão, por que é melhor não mentir. Não devem lidar com a mentira por meio do castigo, o qual apenas aumenta o medo e, em consequência, os motivos para mentir.

A rigorosa verdade dos adultos para com as crianças é, sem dúvida, absolutamente indispensável para que elas não aprendam a mentir. Pais que dizem que mentir é pecado e, mesmo assim, mentem para os filhos perdem, naturalmente, toda a autoridade moral. A ideia de falar a verdade para as crianças é totalmente nova; quase ninguém o fez antes desta geração atual. Duvido muito que Eva tenha dito a Caim e Abel a verdade sobre as maçãs; estou convencido de que ela lhes disse que jamais comera alguma coisa que não lhe fizesse bem. O comum era os pais se representarem aos filhos como olímpicos, imunes às paixões humanas e sempre movidos pela mais pura razão. Quando repreendiam as crianças, faziam-no mais com pesar do que com raiva; por mais que ralhassem, não ficavam "zangados", apenas falavam às crianças para o bem delas. Os pais não compreendiam que as crianças são extraordinariamente perspicazes e, apesar de não entenderem todas as solenes razões políticas para a farsa, desprezam-na pura e simplesmente. As invejas e ciúmes de que você não se dá conta ficarão evidentes para seu filho, que, então, irá desconsiderar todo o seu belo discurso moral sobre a perversidade dos objetos dessas paixões. Jamais finja ser irrepreensível e sobre-humano: a criança não vai acreditar em você – e não iria gostar mais de você se acreditasse. Eu me lembro vivamente de como, muito cedo, percebi toda a farsa e hipocrisia vitorianas que me cercavam e jurei que, se um dia viesse a ter filhos, não repetiria os erros que comigo vinham cometendo. Estou honrando essa jura o melhor que consigo.

Sobre a educação

Outra forma de mentira extremamente prejudicial para os jovens é ameaçar castigos que você não tenha a intenção de infligir. Em seu livro mais interessante, *The Changing School* [A escola da mudança],[1] o Dr. Ballard afirmou esse princípio com bastante ênfase: "Não ameace. Se ameaçar, não deixe que nada o impeça de cumprir a ameaça. Quando você diz a um garoto 'faça isso de novo e eu o mato', e ele o faz, você tem de matá-lo. Se você não o fizer, ele perderá todo o respeito por você". Os castigos ameaçados por babás e pais ignorantes no trato com as crianças são menos piores, mas a eles se aplicam as mesmas regras. Não ameace, a não ser quando tiver uma boa razão; mas, uma vez que tenha começado a ameaçar, continue, mesmo que depois se arrependa de haver embarcado na batalha. Se você quiser ameaçar uma punição, que seja um castigo para cuja aplicação você esteja preparado; jamais conte com a sorte para imaginar que seu blefe passará despercebido. É até estranha a dificuldade que as pessoas não educadas têm para compreender esse princípio. Ainda mais condenável é quando essas pessoas ameaçam algo aterrorizante, como, por exemplo, quando dizem que um policial vai prender a criança ou que o bicho-papão virá pegá-la. Isso produz, em primeiro lugar, um estado de terror nervoso e, logo em seguida, um completo ceticismo quanto a todas as asseverações e ameaças dos adultos. Se você nunca ameaçar sem cumprir as ameaças, a criança logo aprenderá que, em tais ocasiões, é inútil resistir, e ela, então, passará a obedecer a toda e qualquer palavra de ordem, sem maiores problemas. No entanto, para o sucesso desse método,

---

[1] Ballard, *The Changing School*, p.112.

é essencial que você não ameace, a menos que haja um motivo realmente muito forte para fazê-lo.

Outra forma de farsa indesejável é tratar objetos inanimados como se fossem vivos. As babás às vezes ensinam as crianças, quando estas se machucam ao trombar em uma cadeira ou uma mesa, a dar uma palmada no objeto ofensor e dizer, "cadeira malvada", ou "mesa malvada". Isso anula a mais útil fonte de disciplina natural. Se você não disser nada nessas horas, a criança logo irá perceber que só faz sentido manipular os objetos inanimados por meio da habilidade, e não da raiva ou da adulação. Isso é um estímulo para a aquisição de habilidades e ajudará a criança a perceber os limites de seu poder pessoal.

As mentiras sobre o sexo são sancionadas por uma antiga tradição. Creio que são total e profundamente nocivas, mas, por enquanto, não direi mais nada sobre o tema, pois quero dedicar todo um capítulo à educação sexual.

As crianças que não são reprimidas fazem incontáveis perguntas, algumas bastante inteligentes, outras, muito pelo contrário. Essas perguntas são, muitas vezes, cansativas e, em alguns casos, inconvenientes. Mas elas devem ser respondidas com verdade, na medida máxima de sua capacidade. Se a criança lhe fizer uma pergunta relacionada à religião, diga exatamente o que você pensa, mesmo que sua resposta desminta algum outro adulto que pensa diferente. Se a criança perguntar sobre a morte, responda. Se ela lhe fizer perguntas com o objetivo de demonstrar que você é perverso ou tolo, responda. Se ela perguntar sobre a guerra ou a pena capital, responda. Não a dispense com um "você ainda não consegue entender essas coisas", exceto nas questões científicas complicadas, tais como, por exemplo, a natureza da luz elétrica. E, mesmo nesses casos, deixe muito bem claro que a resposta é um prazer reservado para a criança e que virá assim que ela souber um pouco mais do que sabe no momento. Diga-lhe mais do que ela pode compreender, e não menos; a parte que a criança não conseguir entender estimulará sua curiosidade e sua ambição intelectual.

Dizer sempre a verdade traz como recompensa o aumento da confiança. A criança tem uma tendência natural a acreditar no que você lhe diz, exceto quando isso vai contra um desejo muito forte, como no caso dos ovos de Páscoa a que me referi ainda há pouco. E, mesmo nesses casos, uma pequena demonstração de verdade em suas afirmações permitirá que você ganhe sua confiança, com facilidade e sem ênfase. Entretanto, se você tem o hábito de ameaçar consequências que não acontecem, terá de se tornar cada vez mais ameaçador e aterrorizante e, no fim, irá gerar apenas um estado de incerteza nervosa. Certo dia, meu filho quis brincar em um riacho, mas eu lhe disse que não, porque pensei que poderia haver lascas de pedra que lhe machucassem os pés. Seu desejo era muito intenso, então ele não acreditou nas lascas; mas, depois que encontrei um pedaço e lhe mostrei a ponta afiada, ele concordou plenamente. Se eu tivesse inventado as lascas de pedra apenas para minha própria conveniência, teria perdido sua confiança. Se não tivesse encontrado nenhuma lasca, deveria tê-lo deixado brincar. Depois de repetidas experiências desse tipo, meu filho, quase que inteiramente, deixou de ser cético a respeito de minhas razões.

Vivemos no mundo da farsa, e a criança educada sem farsas acabará desprezando muito do que comumente se considera digno de respeito. Isso é lamentável, porque o desprezo é um sentimento ruim. Não chamarei a atenção de meu filho para tais questões, embora venha a satisfazer sua curiosidade sempre que ele se voltar a elas. A verdade é uma deficiência em uma sociedade hipócrita, mas essa deficiência é mais do que contrabalançada pelas vantagens do destemor, sem o qual ninguém consegue ser verdadeiro. Desejamos que nossos filhos se tornem justos, sinceros, francos e dotados de respeito por si mesmos; de minha parte, prefiro vê-los fracassar com essas qualidades a vê-los vencer pelas artes da servidão. Uma certa integridade e orgulho natos são essenciais para um ser humano esplêndido, que será impossível onde houver a mentira, exceto quando esta for motivada por uma razão generosa. Quero que meus filhos sejam verdadeiros nos pensamentos e nas palavras, mesmo que isso lhes traga desventura mundana, pois aqui está em jogo algo mais importante do que a riqueza e as honrarias.

9.
Castigos

Antigamente e até pouco tempo atrás, o castigo de crianças, meninos e meninas, era algo natural e universalmente aceito como indispensável à educação. Em um capítulo anterior, vimos o que o Dr. Arnold pensava sobre os açoitamentos, e sua visão era, à época, excepcionalmente humana. Associa-se a Rousseau a teoria de deixar tudo a cargo da natureza e, mesmo assim, em *Emílio*, ele defende, vez ou outra, punições bastante severas. A visão convencional de cem anos atrás se encontra em uma história de *Cautionary Tales* [Contos de advertência], na qual uma garotinha faz estardalhaço porque a estão vestindo com uma fita branca, e ela queria uma cor-de-rosa.

> Papa, who in the parlour heard
> Her make the noise and rout,
> That instant went to Caroline
> To whip her, there's no doubt[1]

---

[1] Em tradução livre: "Papai, que, da sala, ouviu-a / fazer barulho e tumulto, / no mesmo instante foi até Caroline / para castigá-la, sem dúvidas". (N. T.)

Quando o sr. Fairchild viu seus filhos brigando, bateu neles com a bengala, brandindo-a em compasso com o verso: "Que os cães sintam prazer ao latir e morder". Depois, ele os levou para ver um cadáver pendurado nas correntes de um cadafalso. O menino mais novo ficou com medo e pediu para voltar para casa, enquanto as correntes tilintavam ao vento. Mas o sr. Fairchild o obrigou a ficar olhando por um bom tempo, dizendo que esse espetáculo demonstrava o que acontecia àqueles que tinham ódio no coração. Esse menino estava destinado ao sacerdócio e, presumivelmente, tinha de aprender a descrever os terrores dos amaldiçoados com a vividez de quem os testemunhara.

Hoje em dia, poucas pessoas defenderiam tais métodos, até mesmo no Tennessee. Mas existem consideráveis divergências de opinião quanto ao que deveria substituí-los. Alguns ainda defendem uma boa dose de castigos, enquanto outros pensam que é possível dispensar todo e qualquer tipo de punição. E há espaços para muitas nuances entre esses dois extremos.

De minha parte, creio que os castigos têm um papel muito pequeno na educação; e duvido que precisem ser severos. Entre os castigos, incluo a fala dura e reprovadora. O castigo mais severo que poderá se fazer necessário é a expressão espontânea e natural de indignação. Em algumas poucas ocasiões em que meu filho foi rude com a irmã mais nova, sua mãe expressou fúria por meio de uma exclamação impulsiva. O efeito foi muito grande. O menino irrompeu em lágrimas e só se consolou depois de a mãe lhe fazer muitos agrados. A impressão ficou profundamente marcada, como se pôde ver no comportamento subsequente do menino para com a irmã. Em algumas ocasiões, temos de recorrer a formas brandas de punição, quando ele persiste em exigir coisas que lhe negamos ou em interferir nas brincadeiras da irmã. Em tais casos, quando a razão e a exortação já fracassaram, nós o deixamos sozinho em um quarto, mantemos a porta aberta e dizemos que ele pode voltar assim que decidir ficar bonzinho. Ao cabo de pouquíssimos minutos, depois de chorar vigorosamente, ele volta, sempre de bem: o menino compreende perfeitamente que, ao voltar, está aceitando se comportar bem. Até aqui, não nos deparamos com nenhuma necessidade de penas mais severas. A julgar pelos livros dos disciplinadores de outrora, as crianças educadas pelos métodos antigos eram mais desobedientes que as de hoje. Eu certamente ficaria horrorizado se meu filho tivesse metade do mau comportamento das crianças de *The Fairchild Family*; mas pensaria que a má-criação se deve mais aos pais do que à criança. Creio que pais razoáveis criam filhos razoáveis. As crianças precisam sentir o afeto dos pais – não o dever e a responsabilidade, pelos quais criança nenhuma será grata, mas o amor caloroso, que se deleita com a presença e os gestos dos filhos. E, a menos que seja completamente impossível, toda proibição deve ser explicada com cuidado e sinceridade. Permitir que, às vezes, ocorram pequenos contratempos, tais como machucados e cortes leves, é melhor do que interferir a toda hora nas brincadeiras; uma breve experiência desse tipo torna as crianças mais aptas a acreditar na sabedoria de certas proibições. Se essas condições estiverem presentes desde o início, creio que elas raramente farão algo que mereça uma punição séria.

Quando uma criança interfere insistentemente nas atividades das outras, ou estraga seus prazeres, a penalidade mais óbvia é o isolamento. Faz-se imperativo tomar alguma atitude, porque seria injusto deixar as outras crianças sofrendo. Mas não adianta fazer a criança teimosa se sentir culpada: é muito mais útil fazê-la sentir que está perdendo os prazeres que as outras desfrutam. Madame Montessori descreve sua prática da seguinte maneira:

> Quanto aos castigos, muitas vezes tivemos contato com crianças que perturbavam as outras, sem dar atenção às nossas repreendas. Tais crianças eram imediatamente examinadas por um médico. Quando o caso provava ser o de uma criança normal, colocávamos uma mesinha em um canto da sala e, dessa maneira, isolávamos a criança; nós a deixávamos sentada em uma pequena poltrona bem confortável, de modo que ela pudesse ver os colegas, e lhe dávamos os jogos e brinquedos de que mais gostava. Esse isolamento quase sempre conseguia acalmar a criança; de sua posição, ela podia ver todos os colegas, e o modo como eles faziam seu trabalho era uma *lição objetiva* muito mais eficaz do que qualquer palavra que o professor pudesse dizer. Pouco a pouco, a criança começava a ver as vantagens de participar do grupo que trabalhava tão compenetrado diante de seus olhos e logo queria voltar para fazer o que os outros estavam fazendo. Dessa forma, conseguimos disciplinar todas as crianças que, de início, pareciam rebeldes. A criança isolada sempre se tornava objeto de cuidado especial, quase como se estivesse doente. Eu mesma, sempre que entrava na sala, ia primeiro falar com ela, como se fosse ela uma criancinha pequena. Depois, voltava minha atenção aos demais, demonstrando interesse em seu trabalho e fazendo perguntas, como se fossem pequenos adultos. Não sei o que acontecia na alma dessas crianças que julgávamos necessário disciplinar, mas, sem dúvidas, a conversão era sempre muito completa e duradoura. Elas demonstravam muito orgulho ao aprender como trabalhar

e se comportar e sempre expressavam muito afeto pela professora e por mim.²

O êxito desse método dependeu de vários fatores que estavam ausentes nas escolas antigas. Ocorreu, em primeiro lugar, a remoção das crianças cujo mau comportamento se devia a algum defeito médico. Depois, houve tato e habilidade na aplicação do método. Porém o ponto realmente vital era o bom comportamento da maioria da classe: a criança se sentia em oposição à opinião pública, à qual, de maneira natural, devia respeito. Isso, sem dúvida, é uma situação totalmente diferente daquela do mestre que dobra a classe por meio da zombaria. Não pretendo discutir os métodos que ele emprega, porque jamais seriam necessários se a educação fosse conduzida de forma apropriada desde o início. As crianças gostam de aprender coisas, desde que sejam coisas adequadas e devidamente ensinadas. O mesmo erro que se comete na difusão do conhecimento ocorre, em estágio anterior, naquilo que se refere à alimentação e ao sono: algo que constitui verdadeira vantagem para a criança fica parecendo um favor para o adulto. Os bebês logo começam a pensar que a única razão para comer e dormir é o desejo dos pais de que assim o façam; e isso os transforma em dispépticos que sofrem de insônia.³ A menos que a criança esteja doente, deixe-a recusar comida e ficar com fome. A babá adulava meu filho para que ele comesse e, assim, o menino foi se tornando cada vez mais *difícil*. Certo dia, quando ficamos com ele na hora do almoço, meu filho se

---

2 Montessori, *The Montessori Method*, p.103.
3 Ver o livro do dr. H. C. Cameron, *The Nervous Child*, capítulos 4 e 5.

recusou a comer a torta, então a devolvemos à cozinha. Pouco depois, ele a pediu de volta, mas a cozinheira já a havia comido. Ele ficou pasmo e nunca mais fez esse tipo de coisa. É preciso aplicar exatamente o mesmo método à educação. Os que não querem aprender podem ter permissão para não fazê-lo, mas devemos assegurar que fiquem entediados enquanto não estiverem nas aulas. Quando virem os outros aprendendo, logo vão pedir para aprender também: o professor pode, então, aparecer como alguém que lhes confere um benefício, o que, de resto, é a verdade. Eu colocaria, em todas as escolas, uma grande sala vazia, para onde os alunos pudessem ir se não quisessem aprender. Mas, uma vez lá, não permitiria que voltassem às aulas no mesmo dia. E eles também deveriam ser mandados para essa sala toda vez que se comportassem mal em classe. É um princípio bem óbvio: o castigo deve ser algo que você queira que o culpado repudie, e não algo que você queira que ele aprecie. No entanto, a "cópia" é um castigo muito comum, no qual o objetivo declarado é gerar o amor pelos clássicos da literatura.

Os castigos leves têm utilidade no trato com os delitos leves, especialmente aqueles que se referem às boas maneiras. O elogio e a censura são uma importante forma de recompensa e punição para crianças pequenas e também para meninas e meninos mais velhos, quando conferidos por uma pessoa que lhes inspira respeito. Não creio que seja possível educar sem elogios e censuras, mas, nesse aspecto, é necessário um certo grau de cautela. Em primeiro lugar, nada de comparações. Uma criança não deve ouvir que fez algo melhor do que outra, ou que a outra nunca é tão desobediente quanto ela própria: aquela afirmação gera desprezo e esta, ódio. Em segundo lugar, deve-se usar a censura com muito mais moderação do que o elogio; ela tem de ser uma punição definitiva, administrada em casos de faltas graves no bom comportamento, e jamais pode continuar depois de surtir efeito. Em terceiro lugar, não se deve tecer elogios por algo normal. Eu os reservaria para novos desenvolvimentos de coragem ou habilidade e para um ato de altruísmo em relação a posses materiais, desde que tais feitos tenham sido alcançados depois de um esforço moral. Em todas as fases da educação, deve-se elogiar todo e qualquer trabalho acima da média. Receber elogios por uma realização difícil é uma das experiências mais prazerosas da juventude, e o desejo desse prazer constitui um incentivo sobressalente e apropriado, embora não deva ser o motivo principal para a realização. O motivo principal precisa ser, sempre, um interesse na realização em si, qualquer que seja ela.

As punições raramente podem corrigir graves desvios de caráter, tais como a crueldade. Ou, melhor dizendo, as punições devem ter um papel muito pequeno no tratamento. A crueldade para com os animais é mais ou menos natural nos garotos e requer, para a sua prevenção, uma educação *ad hoc*. É um plano muito ruim esperar até descobrir que o filho está torturando um animal para, depois, torturar o filho. Isso apenas faz o garoto lamentar o flagrante. Você deve ficar atento aos primeiros sinais do que, mais tarde, pode vir a ser crueldade. Ensine o garoto a respeitar a vida; não deixe que ele o veja matando animais, mesmo que sejam abelhas ou cobras. Caso não consiga, explique, com muito cuidado, por que a morte é necessária nesse caso particular. Se o garoto fizer algo ligeiramente cruel a uma criança mais nova, faça o mesmo a ele, de imediato. Ele vai reclamar e, assim, você poderá explicar que, se ele não quiser que lhe façam algo, ele não deve fazê-lo aos outros. Dessa maneira, ficará claro em sua mente o fato de os outros terem sentimentos como os que ele tem.

Para esse método ter êxito, é obviamente essencial que comece cedo e se aplique a formas menores de maldade, pois você só poderá devolver à criança as ofensas muito pequenas que ela impuser às outras. E, quando você adotar esse plano de ação, não deixe transparecer que o faz como um modo de castigo. Ao contrário, faça com que seja uma educação: "Veja, foi isso o que você fez à sua irmãzinha". Quando a criança reclamar, diga: "Bom, se você não gostou, não deve fazer a mesma coisa a ela". Desde que toda situação seja simples e imediata, a criança irá compreender e aprender a levar em conta os sentimentos dos outros. Assim nunca se desenvolverão crueldades muito sérias.

Toda instrução moral deve ser imediata e concreta: deve surgir de uma situação que apareceu naturalmente e não pode ir além do que precisa ser feito nesse caso particular. A própria criança irá aplicar a lição em outros casos similares. É muito mais fácil apreender um exemplo concreto e aplicar considerações análogas a exemplos análogos do que compreender uma regra geral e proceder por dedução. Não diga, em tom genérico: "Seja corajoso, seja gentil!". Em vez disso, exponha a criança a uma situação que exija ousadia e, então, diga: "Muito bem! Você foi um menino muito corajoso"; faça com que ele deixe a irmãzinha brincar com seu carrinho de brinquedo e, quando ele vir o brilho nos olhos dela, diga: "É isso aí, você foi muito gentil". O mesmo princípio se aplica no combate à crueldade: fique atento a todo e qualquer indício e impeça seu crescimento.

Se, a despeito de todos os esforços, uma crueldade grave se desenvolver nos anos posteriores, será preciso encarar a questão com muita seriedade e tratá-la como uma doença. O garoto deve ser punido, no sentido de que coisas desagradáveis lhe aconteçam, assim como aconteceriam se ele tivesse sarampo, mas não de maneira que ele se sinta perverso. Ele deve passar um tempo isolado das outras crianças e dos animais e será preciso lhe explicar que não é bom que ele se aproxime dos outros. Deve-se, na medida do possível, fazê-lo compreender como viria a sofrer se fosse tratado com crueldade. Deve-se fazê-lo sentir que uma grande desgraça caiu sobre ele, na forma de um impulso de crueldade, e que os mais velhos estão tentando protegê-lo de uma desgraça semelhante no futuro. Creio que tais métodos teriam êxito completo, à exceção de alguns poucos casos patológicos.

Acredito que castigos físicos nunca são bons. Suas formas amenas não fazem muito mal, mas também não fazem bem; suas formas severas, estou convencido, geram crueldade e brutalidade. É fato que, muitas vezes, o castigo não produz nenhum ressentimento contra a pessoa que o aplica; quando é costumeiro, os garotos se adaptam a ele e o esperam como algo natural. Mas isso os habitua à ideia de que pode ser correto e adequado infligir dor física com o propósito de garantir a autoridade – uma lição peculiarmente perigosa para se ensinar àqueles que talvez venham a ocupar posições de poder. Além disso, o castigo físico destrói aquela relação de confiança aberta que deve existir entre pais e filhos, bem como entre alunos e professores. Os pais modernos querem que os filhos fiquem à vontade, tanto em sua presença quanto em sua ausência; querem que os filhos sintam alegria quando os virem chegar; não querem uma enganosa calma sabática enquanto os veem, sucedida por um pandemônio assim que viram as costas. Conquistar o afeto genuíno de uma criança é uma das maiores alegrias que a vida tem a oferecer. Nossos avós não conheciam essa alegria e, portanto, não sabiam o que estavam perdendo. Ensinavam às crianças que era seu "dever" amar os pais e agiam de modo a tornar tal dever quase impossível de cumprir. A Caroline do verso citado no início deste capítulo dificilmente ficou feliz ao ver seu pai chegando "para castigá-la, sem dúvida". Enquanto as pessoas insistiram na noção de que o amor podia ser exigido como um dever, elas não fizeram nada para conquistá-lo como um sentimento legítimo. Por consequência, as relações humanas permaneceram rígidas, severas e cruéis. Os castigos faziam parte de toda essa concepção. É estranho que homens que jamais sonhariam em levantar a mão contra uma mulher se sentissem bem à vontade para infligir torturas físicas a uma criança indefesa. Ainda bem que uma melhor concepção de relações entre pais e filhos veio, aos poucos, abrindo caminho nos últimos cem anos e, com ela, toda a teoria dos castigos foi se transformando. Espero que as ideias esclarecidas que começam a prevalecer na educação também venham a se espalhar gradualmente sobre as outras relações humanas, pois aí elas são tão necessárias quanto em nosso trato com as crianças.

10.
A importância das outras crianças

Até aqui, examinamos o que pais e professores podem fazer no intuito de criar o tipo certo de caráter em uma criança. Mas há muito que só pode ser feito com a ajuda das outras crianças. Isso fica cada vez mais evidente conforme a criança vai crescendo; na verdade, é na universidade que a companhia dos outros atinge sua maior importância. Durante o primeiro ano de vida, as outras crianças não são nem um pouco importantes nos primeiros meses e só um pouco nos últimos três. Nesse estágio, as crianças ligeiramente mais velhas é que são úteis. A primeira criança da família, em geral, demora mais do que as subsequentes para aprender a andar e a falar, porque os adultos são tão perfeitos nessas realizações que fica difícil imitá-los. Uma criança de 3 anos de idade é um modelo melhor para uma criança de 1 ano, porque as coisas que faz estão mais próximas do que a criança mais nova gostaria de fazer e porque suas capacidades não parecem sobre-humanas. As crianças sentem que as outras são mais parecidas com elas do que os adultos e, portanto, suas ambições ficam mais estimuladas pelo que as outras fazem. Somente a família proporciona a oportunidade para essa educação pelas crianças mais velhas. As crianças que têm opção preferem brincar com as mais velhas a fazê-lo sozinhas, porque assim se sentem "grandes"; mas essas crianças mais velhas preferem brincar com outras ainda mais velhas, e assim por diante. A consequência é que, em uma escola, ou nas ruas da periferia, ou em qualquer outro lugar onde haja larga possibilidade de escolha, as crianças quase sempre brincam com outras da mesma idade, porque as mais velhas não querem brincar com as mais novas. Desse modo, o que há para se aprender com as crianças mais velhas precisa ser aprendido em casa. O inconveniente é que, em toda família, haverá uma criança mais velha que não irá usufruir dos benefícios do método. E, à medida que as famílias vão se tornando cada vez menores, a porcentagem de crianças mais velhas cresce e tal inconveniente fica mais constante. As famílias pequenas são, de certo modo, uma desvantagem para as crianças, a menos que haja o complemento das escolas maternais. Mas as escolas maternais serão tema de um capítulo mais adiante.

Crianças mais velhas, crianças mais novas, crianças da mesma idade, todas elas são úteis, mas a utilidade da convivência entre as mais velhas e as mais novas fica, por conta dos motivos listados, restrita à família. A maior utilidade da criança mais velha para a mais nova é prover ambições alcançáveis. Uma criança fará enormes esforços para se tornar digna de entrar na brincadeira de uma criança mais velha. As crianças mais velhas se comportam de modo natural e improvisado, sem a deferência e o faz de conta que sempre tomam parte das brincadeiras que os adultos propõem. Em um adulto, essa falta de deferência seria dolorosa, porque ele tem poder e autoridade e porque ele brinca para agradar à criança e não para agradar a si mesmo. Uma criança irá se submeter alegremente a um irmão ou irmã mais velha, de um modo que seria impossível diante de um adulto, a não ser como resultado de disciplina excessiva. As outras crianças ensinam melhor a lição de cooperação em um papel subordinado; quando os adultos tentam ensinar essa lição, eles se deparam com os perigos da dureza e do fingimento – dureza se exigem uma cooperação de verdade, fingimento se já se contentam apenas com a aparência da cooperação. Não quero dizer que sempre se deva evitar a cooperação, seja ela verdadeira ou fingida. Digo apenas que ela não tem a espontaneidade que é possível entre uma criança mais velha e uma mais nova e, por conseguinte, que não pode ser mantida por horas, com satisfação para ambas as partes.

Durante toda a juventude, as pessoas um pouco mais velhas continuam a ter uma utilidade especial no ensino – não no ensino formal, mas naquele que ocorre fora das horas de estudo. Uma garota ou garoto mais velho será sempre um estímulo muito eficaz à ambição e, se for gentil, poderá explicar as dificuldades melhor do que um adulto, a partir das lembranças recentes de tê-las superado. Até mesmo na universidade, aprendi muito com pessoas poucos anos mais velhas do que eu, coisas que não poderia aprender com senhores graves e respeitáveis. Creio que seja uma experiência muito comum quando a vida social da universidade não é rigidamente estratificada em "anos". Mas é, sem dúvida, impossível nas universidades em que, como muitas vezes acontece, os estudantes mais velhos acham indigno conviver com os mais novos.

As crianças mais novas também têm sua utilidade, em especial entre os 3 e 6 anos de idade; essa utilidade se refere, principalmente, à educação moral. Quando a criança só convive com adultos, não tem chances de exercitar várias virtudes importantes, como as que se exigem do mais forte ao lidar com o mais fraco. A criança tem de aprender a não arrancar objetos das mãos de um irmão ou irmã mais nova, a não demonstrar raiva excessiva quando o caçula inadvertidamente derruba sua torre de tijolos, a não esconder os brinquedos que não está usando daqueles que os desejam. Ela tem de aprender que um gesto mais brusco pode facilmente machucar o caçula e tem de sentir remorso quando o faz chorar de propósito. Ao proteger a criança mais nova, podemos falar à mais velha com um rigor e um ímpeto que não se justificariam em outra ocasião, mas que têm utilidade pela forte impressão que o imprevisto causa. Essas lições são muito úteis e, de outra forma, seria muito difícil ensiná-las naturalmente. É tolice e perda de tempo dar instruções morais abstratas a uma criança; tudo deve ser concreto e realmente exigido por uma situação de verdade. Muito do que os adultos julgam ser educação moral deve parecer à criança uma instrução técnica de como manusear uma serra. A criança prefere ver como se faz a coisa. Esse é um dos motivos pelos quais o exemplo tem tanta importância. A criança que assistiu a um carpinteiro trabalhando tenta copiar seus movimentos; a criança que viu os pais se comportando sempre com gentileza e deferência tenta copiá-los nesses aspectos. Em cada caso, o prestígio está ligado ao que ela quer imitar. Se você ensina a seu filho uma lição solene sobre o uso da serra, mas só usa o machado, nunca fará da criança um bom carpinteiro. Se você o exorta a ser gentil com a irmã mais nova, mas não a trata bem, toda a sua instrução será um desperdício. Por esse motivo, quando você precisa fazer algo que vai levar uma criança mais nova a chorar, como, por exemplo, limpar-lhe o nariz, deve tomar o cuidado de explicar à criança mais velha por que é necessário fazê-lo. Do contrário, é provável que ela venha a se erguer em defesa da criança mais nova e brigue para fazê-lo parar de ser cruel. Se você permitir que ela fique com a impressão de que você é cruel, perderá o poder de refrear seus impulsos para a tirania.

Embora tanto a companhia das crianças mais velhas quanto a das mais novas sejam importantes, muito mais importância tem a convivência com as crianças da mesma idade, pelo menos a partir dos 4 anos. O comportamento entre os iguais é o que a criança mais precisa aprender. Muitas das desigualdades do mundo são artificiais, e seria muito bom se nosso comportamento as ignorasse. As pessoas abastadas se imaginam superiores aos seus subordinados e com estes se comportam de um jeito diferente do que adotam em sociedade. Contudo essas mesmas pessoas se sentem inferiores a um duque e o tratam de uma maneira que demonstra falta de respeito próprio. Em ambos os casos, elas estão erradas: o subordinado e o duque deveriam ser considerados e tratados como iguais. Na juventude, a idade cria uma hierarquia que não é artificial; e, exatamente por isso, os hábitos sociais que serão desejáveis na vida adulta são mais bem assimilados na relação com as crianças da mesma idade. Todos os tipos de brincadeira são melhores entre iguais, assim como a competição escolar. Entre os colegas de escola, um garoto tem o grau de importância que os outros lhe atribuem com base em seu julgamento: ele pode ser admirado ou desprezado, mas a questão depende apenas de seu caráter e valor. Pais afetuosos criam um *milieu* indulgente demais; pais sem afeto criam um meio que reprime a espontaneidade. Somente as crianças da mesma idade podem dar espaço para a espontaneidade, em competição livre e cooperação igualitária.

O autorrespeito sem tirania e a deferência sem servilismo são mais bem assimilados no trato com iguais. Por esses motivos, nenhuma porção de solicitude paternal conseguirá dar ao garoto ou à garota em casa as mesmas vantagens que serão desfrutadas em uma boa escola.

Para além dessas considerações, existe uma outra, talvez ainda mais importante. O corpo e a mente de uma criança exigem uma grande dose de brincadeira e, depois dos primeiros anos, brincar quase nunca é satisfatório, a não ser quando com outros meninos e meninas. Sem as brincadeiras, a criança fica tensa e nervosa; perde a alegria de viver e desenvolve ansiedades. É possível, sem dúvida, criar um filho como criaram John Stuart Mill, que começou a aprender grego aos 3 anos e jamais conheceu as alegrias infantis. Do ponto de vista da aquisição de conhecimento, os resultados podem até ser bons, mas, no cômputo geral, não consigo admirá-los. Em sua autobiografia, Mill relata que, durante a adolescência, quase cometeu suicídio, por pensar que, um dia, todas as combinações de notas musicais já teriam sido usadas e, portanto, seria impossível qualquer composição musical nova. Está claro que uma obsessão desse tipo é um sintoma de exaustão nervosa. Na vida adulta, sempre que se deparava com um argumento que tendia a demonstrar que a filosofia de seu pai pudesse estar equivocada, Mill fugia como um cavalo assustado, reduzindo grandemente o valor de sua capacidade de raciocínio. Parece provável que uma juventude mais normal teria lhe dado mais resiliência intelectual e maior originalidade de pensamento. Em todo caso, certamente lhe teria dado mais capacidade de aproveitar a vida. Também eu sou produto de uma educação solitária até os 16 anos – bem menos feroz que a de Mill, mas, mesmo assim, igualmente destituída das alegrias comuns à juventude. Na adolescência, experimentei a mesma tendência suicida que Mill descreve — no meu caso, por pensar que as leis da dinâmica regulavam o movimento de meu corpo, fazendo da vontade uma mera ilusão. Quando comecei a me relacionar com jovens da mesma idade, descobri que era um pedante ridículo. O quanto ainda o sou não me cabe dizer.

A despeito de todos os argumentos acima, estou disposto a admitir que haja um certo número de garotos e garotas que não devem ir à escola e que alguns deles são indivíduos muito importantes. Se um garoto possui poderes mentais extraordinários em certa direção, combinados à fragilidade física e grande nervosismo, ele será incapaz de se encaixar em um bando de garotos normais e, por isso, sofrerá perseguições até que fique louco. Capacidades excepcionais com frequência se associam à instabilidade mental e, em tais casos, é desejável adotar métodos que seriam ruins para um garoto normal. Deve-se tomar muito cuidado na hora de descobrir se a sensibilidade anormal tem alguma causa definida, e sua cura exige esforços pacientes. Mas esses esforços não podem envolver sofrimentos terríveis, como os que um garoto anormal possa ter ao enfrentar a companhia dos brutos. Acredito que tal sensibilidade geralmente tem origem nos erros cometidos durante a infância, os quais perturbaram a digestão ou os nervos da criança. Havendo sabedoria no trato com as crianças, creio que todas elas poderão crescer e se tornar garotos e garotas suficientemente normais para desfrutar a companhia de outros garotos e garotas. Mesmo assim, aparecerão algumas exceções, e é provável que estas ocorram entre os que têm alguma espécie de genialidade. Nesses raros casos, a escola não é desejável e será preferível uma juventude mais protegida.

11.
Afeto e empatia

Muitos leitores podem pensar que, até aqui, inexplicavelmente, negligenciei o afeto, que é, em certo sentido, a essência do caráter bom. Sustento que o amor e o conhecimento são os dois requisitos principais para a conduta correta, mas, mesmo assim, ao tratar da educação moral, não disse, até agora, nada a respeito do amor. Minha justificativa é que o tipo certo de amor deveria ser o fruto natural do tratamento adequado da criança, e não algo conscientemente visado em cada um dos vários estágios. Devemos ser claros a respeito do tipo de afeto que desejamos e quanto à disposição apropriada às diferentes idades. Dos 10 ou 12 anos até a puberdade, os garotos quase sempre estão destituídos de afeto, e não há nada a ganhar ao tentarmos forçar sua natureza. Durante a juventude, existem menos ocasiões para a empatia do que na vida adulta, porque não há muita capacidade para expressá-la efetivamente e porque um jovem tem de pensar em sua preparação para a vida, muitas vezes à exclusão dos interesses dos outros. Por essas razões, precisamos ficar mais preocupados em produzir adultos empáticos e afetuosos do que em forçar um desenvolvimento precoce dessas qualidades nos primeiros anos de vida. Nosso problema, como todos os problemas na educação do caráter, é científico, pertence ao que pode ser chamado de dinâmicas psicológicas. O amor não pode existir como um dever: dizer a uma criança que ela *deve* amar os pais, irmãos e irmãs é, no mínimo, totalmente inútil. Pais que querem ser amados precisam se comportar de modo a despertar o amor e têm de tentar conferir aos filhos as características físicas e mentais que produzem afeições expansivas.

Não basta que não mandemos as crianças amar os pais. Também não devemos fazer nada que tenha o objetivo de alcançar tal resultado. O afeto parental, em sua melhor forma, difere do amor sexual nesse aspecto. É da essência do amor sexual buscar uma reação, o que é natural, pois, sem uma resposta, esse amor não conseguirá cumprir sua função biológica. Mas não é da essência do amor parental buscar uma reação. O instinto parental, simples e natural, sente a criança como uma parte externa do corpo dos pais. Se seu dedão está machucado, você cuida dele por interesse próprio e não espera que ele se sinta grato. A mulher selvagem, imagino eu, tem um sentimento muito similar em relação a seus filhos. Ela deseja o bem-estar deles do mesmo modo como deseja o seu próprio, especialmente quando são muito pequenos. Ela tem a mesma abnegação cuidando dos filhos ou de si mesma; e, por isso, não espera gratidão. A necessidade que a criança tem da mãe constitui uma reação suficiente, enquanto a criança ainda é indefesa. Mais tarde, quando ela começa a crescer, o afeto da mãe diminui, e suas demandas podem aumentar. Nos animais, o afeto parental cessa assim que o filhote chega à idade adulta e não se faz nenhuma demanda a esse respeito; mas, nos humanos, mesmo nos mais primitivos, não é esse o caso. Espera-se que o filho, soldado vigoroso, alimente e proteja seus pais quando estiverem velhos e decrépitos; a história de Eneias e Anquises encarna esse sentimento em um nível mais alto de cultura. Com o aumento da capacidade de previsão, ocorreu uma tendência a explorar o afeto dos filhos para garantir a ajuda deles quando a idade chegar. Daí o princípio da piedade filial, que sempre existiu em todo o mundo e está corporificado no Quinto Mandamento. Com o desenvolvimento da propriedade privada e dos governos, a piedade filial perdeu importância; depois de alguns séculos, as pessoas começaram a se dar conta desse fato e o sentimento vem saindo de moda. No mundo moderno, um homem de 50 anos pode depender financeiramente de um pai de 80, então o mais importante é o afeto do pai pelo filho, e não o do filho pelo pai. É claro que isso se aplica, principalmente, às classes proprietárias; entre os assalariados, a antiga relação persiste. Entretanto, mesmo nesses casos, ela vem sendo dispensada, por causa das pensões para idosos e outras medidas similares. O afeto das crianças pelos pais está, em consequência, deixando de merecer um lugar entre as virtudes cardeais, ao passo que a afeição dos pais pelos filhos continua a ter enorme importância.

Existe ainda uma outra série de perigos, a qual a psicanálise trouxe à tona, mesmo que sua interpretação dos fatos me pareça questionável. Os perigos a que me refiro são os conectados à devoção indevida ao pai ou à mãe. Um adulto, e até mesmo um adolescente, não pode ser ofuscado pelo pai nem pela mãe a ponto de se tornar incapaz de pensar ou sentir qualquer coisa por si próprio. Isso pode facilmente acontecer se a personalidade do pai for mais forte do que a da criança. Não acredito que haja, à exceção dos raros casos mórbidos, um "Complexo de Édipo", no sentido de uma atração especial do filho pela mãe ou da filha pelo pai. A influência excessiva de um dos pais, quando existe, pertence àquele que tem mais proximidade com o filho – geralmente a mãe – sem levar em conta a diferença de sexo. Pode acontecer, é claro, que uma filha que não goste da mãe e veja pouco o pai venha a idealizar este último; mas, nesse caso, a influência é exercida pelos sonhos, e não pelo pai de verdade. A idealização consiste em pendurar esperanças em um cabide: o cabide não passa de algo conveniente e não tem nada a ver com a natureza das esperanças. Já a influência indevida dos pais é coisa bem distinta, pois se liga à pessoa de verdade, não a um retrato imaginário.

Um adulto com quem a criança tenha contato constante pode dominar tão facilmente sua vida a ponto de torná-la uma escrava mental, mesmo nos anos posteriores. A escravidão pode ser mental, intelectual ou ambas. Um bom exemplo de escravidão intelectual é John Stuart Mill, que jamais conseguiu admitir, em última instância, que seu pai pudesse estar equivocado. Até certo ponto, a escravidão intelectual aos primeiros ambientes da infância é normal; pouquíssimos adultos são capazes de ter opiniões distintas daquelas ensinadas por seus pais ou professores, a menos que haja uma forte corrente que os carregue em outra direção. Pode-se afirmar, portanto, que a escravidão intelectual é natural e normal; e fico inclinado a admitir que ela só poderia ser evitada por uma educação *ad hoc*. Essa forma de influência parental e professoral deve ser evitada com atenção, pois, em um mundo de transformações rápidas, é extremamente perigoso sustentar as opiniões de uma geração passada. Neste momento, porém, examinarei apenas a escravidão das emoções e da vontade, visto que está diretamente ligada ao nosso tópico em tela.

Os males que os psicanalistas estudam sob o título "Complexo de Édipo" (o qual considero enganoso) surgem de um desejo indevido dos pais por uma reação emocional de seus filhos. Como disse ainda há pouco, creio que o instinto parental, em sua pureza, não deseja uma resposta emocional; ele se satisfaz com a dependência da criança e com o fato de ela buscar nos pais proteção e comida. Quando a dependência cessa, a afeição parental também cessa. Tal é o estado das coisas entre os animais e, para seus propósitos, é totalmente satisfatório. Mas essa simplicidade de instintos é quase impossível para os seres humanos. Já examinei o efeito das considerações militares e econômicas sobre a pregação da piedade filial. Agora vou me ocupar de duas fontes puramente psicológicas de confusão com relação ao funcionamento do instinto parental.

A primeira dessas fontes é de uma espécie que ocorre sempre que a inteligência observa os prazeres que derivam do instinto. Em linhas gerais, o instinto induz atos prazerosos que têm consequências úteis, mas essas consequências podem não ser prazerosas. Comer é prazeroso, mas a digestão não é – especialmente quando é indigestão. Sexo é prazeroso, mas o parto não é. A dependência de um bebê é prazerosa, mas a independência de um adulto forte não é. O tipo de mãe primitiva obtém enorme prazer com o bebê em seu seio e cada vez menos prazer à medida que a criança fica menos desamparada. Logo, há, pelo benefício do prazer, uma tendência a prolongar o período de desamparo e adiar o tempo em que a criança poderá dispensar a tutela parental. Esse fato é reconhecido em frases convencionais, tais como "sair da barra da saia da mãe". Antigamente, julgava-se impossível lidar com esse mal nos garotos, exceto enviando-os para a escola. Já nas garotas, isso não era considerado um mal, pois (caso pertencessem a uma família rica) achava-se desejável que fossem desamparadas e dependentes e que, depois do casamento, elas se agarrassem aos maridos da mesma forma como antes haviam se agarrado às mães. Isso raramente acontecia, e essa falha deu origem à figura anedótica da sogra. Um dos propósitos da anedota é impedir o pensamento – um propósito no qual essa figura em particular teve muito sucesso. Ninguém parecia perceber que uma garota criada para ser dependente seria, é claro, dependente da mãe e, portanto, incapaz de entrar em uma parceria sincera com um homem, condição essencial para um casamento feliz.

A segunda complicação psicológica se aproxima do ponto de vista freudiano ortodoxo. Ela surge quando elementos apropriados ao amor sexual entram na afeição parental. Não me refiro a nada necessariamente condicionado à diferença de sexos; refiro-me, simplesmente, ao desejo por um tipo de reação emocional. Parte da psicologia do sexo – a parte, aliás, que fez da monogamia uma instituição possível – é o desejo de ser o primeiro para alguém, de sentir que, para a felicidade de pelo menos uma pessoa no mundo, você é mais importante do que qualquer outro ser humano. Esse desejo pode produzir o casamento, mas só produzirá felicidade se forem satisfeitas algumas outras condições. Por uma razão ou outra, uma proporção muito grande das mulheres casadas dos países civilizados não consegue ter uma vida sexual satisfatória. Quando isso acontece a uma mulher, ela fica pronta para buscar nos filhos uma satisfação espúria e ilegítima de desejos que só um homem poderia proporcionar de forma adequada e natural. Não me refiro a nada óbvio: refiro-me apenas a uma certa tensão emocional, a uma certa passionalidade de sentimento, a um prazer em beijar e acarinhar em excesso. Essas coisas costumavam ser consideradas corretas e convenientes em uma mãe afetuosa. Mas, na verdade, a diferença entre o correto e o prejudicial é muito sutil. É absurdo defender, como o fazem alguns freudianos, que os pais não devem beijar nem acarinhar os filhos. As crianças têm direito ao afeto caloroso dos pais; isso lhes dá uma visão de mundo feliz e despreocupada, além de ser essencial para um desenvolvimento psicológico saudável. No entanto deve ser algo que elas recebam com tanta naturalidade quanto o ar que respiram, e não como uma coisa a que tenham de reagir. Essa questão da reação é a essência do problema. Haverá algumas reações espontâneas, que virão para o bem; mas serão bem diferentes da procura ativa pela afeição de companhias infantis. Em termos psicológicos, os pais devem ser um fundamento sólido, e a criança não pode ser forçada a agir com o fito de lhes dar prazer. O prazer dos pais deve consistir no crescimento do filho; qualquer coisa que este lhes ofereça em reação precisa ser aceito com gratidão, como um extra, e, feito um belo dia de primavera, não pode ser ansiado como parte da ordem natural.

É muito difícil para uma mulher ser a mãe perfeita, ou a professora perfeita para as crianças pequenas, a menos que esteja sexualmente satisfeita. Seja lá o que disserem os psicanalistas, o instinto parental é essencialmente diferente do instinto sexual e fica prejudicado pela intrusão de emoções próprias ao sexo. O hábito de empregar professoras solteiras é equivocado sob o ponto de vista psicológico. A mulher certa para lidar com as crianças é aquela cujos instintos não estejam procurando nos alunos as satisfações que estes não lhe podem propiciar. Uma mulher feliz no casamento pertencerá a esse tipo, sem grandes esforços; mas qualquer outra mulher precisará de um autocontrole quase impossível. É claro que a mesma coisa se aplica aos homens nas mesmas circunstâncias, mas tais circunstâncias são bem menos frequentes nos homens, porque seus instintos parentais não são muito intensos e porque eles raramente ficam insatisfeitos em relação ao sexo.

Também precisamos ter muita clareza quanto aos nossos próprios pensamentos a respeito da atitude que devemos esperar que as crianças tenham para com os pais. Se os pais apresentam o tipo certo de amor pelos filhos, a reação dos filhos será exatamente a que os pais desejam. As crianças ficarão felizes quando virem os pais chegando e tristes quando os virem partindo, a menos que estejam absortas em alguma tarefa agradável; elas irão procurar a ajuda dos pais para qualquer problema que venha a surgir, seja físico ou mental; elas terão a ousadia de ser aventureiras, pois confiarão na proteção dos pais – mas esse sentimento quase não será consciente, a não ser nos momentos de perigo. Elas vão esperar que os pais respondam às suas perguntas, resolvam suas perplexidades e ajudem nas tarefas difíceis. Boa parte do que os pais fizerem por elas não vai entrar em suas consciências. As crianças vão gostar dos pais, não por estes lhes darem casa e comida, mas por brincarem com elas e lhes mostrarem como fazer coisas novas e lhes contarem histórias sobre o mundo. Aos poucos, elas vão perceber que os pais as amam, mas isso deve ser aceito como um fato natural. O afeto que elas sentem pelos pais será bem diferente do que sentem pelas outras crianças. Os pais devem agir em função da criança, porém a criança deve agir em função de si mesma e do mundo exterior. Essa é a diferença essencial. A criança não tem nenhuma função importante a desempenhar em relação aos pais. Sua função é crescer em sabedoria e tamanho e, se ela assim fizer, um instinto parental sadio já se dará por satisfeito.

Lamentaria muito se minhas palavras passassem a impressão de que quero diminuir a quantidade de afeto na vida da família, ou a espontaneidade de suas manifestações. Não foi isso o que quis dizer. Minha intenção é apenas afirmar que há diferentes tipos de afeto. A afeição entre marido e mulher é uma coisa, a dos pais pelos filhos é outra coisa e a dos filhos pelos pais, outra ainda. O dano surge quando se confundem esses tipos diferentes de afeto natural. Não creio que os freudianos tenham alcançado a verdade, porque eles não reconhecem essas diferenças instintivas. E isso os torna, em certo sentido, ascéticos quanto a pais e filhos, porque veem todo e qualquer amor entre estes e aqueles como uma espécie de amor sexual inadequado. Não acredito na necessidade de nenhuma renúncia fundamental, desde que não haja nenhuma desgraça especial. Um homem e uma mulher que amam um ao outro e aos filhos devem ser capazes de agir espontaneamente, como lhes ditar o coração. Precisarão de muito raciocínio e conhecimento, mas isso eles vão adquirir a partir do afeto parental. Não podem exigir dos filhos o que recebem um do outro, contudo, se forem felizes um com o outro, não terão impulso de fazê-lo. Se os filhos forem bem cuidados, sentirão pelos pais uma afeição natural que não formará uma barreira contra a independência. O que se faz necessário não é uma renúncia ascética, mas sim liberdade e expansividade de instinto, adequadamente guiadas pela inteligência e pelo conhecimento.

Quando meu filho tinha 2 anos e 4 meses de idade, viajei para os Estados Unidos e fiquei ausente por três meses. Ele estava perfeitamente feliz em minha ausência, mas ficou louco de alegria quando voltei. Encontrei-o esperando, impaciente, junto ao portão do jardim; ele tomou minha mão e começou a me mostrar tudo o que lhe parecia interessante. Eu queria ouvir e ele queria falar; eu não tinha vontade nenhuma de falar e ele não tinha vontade nenhuma de ouvir. Os dois impulsos eram diferentes, mas harmônicos. Quando chega o momento de contar histórias, ele quer ouvir e eu, falar, então a harmonia se instala de novo. Somente uma vez essa situação se inverteu. Quando ele tinha 3 anos e 6 meses, sua mãe lhe disse que precisavam fazer tudo para me agradar, porque era o dia do meu aniversário. As histórias são seu prazer supremo. Para a nossa surpresa, quando chegou a hora, ele anunciou que iria contar histórias para mim, pois era meu aniversário. Ele contou uma dúzia de histórias, depois se levantou em um pulo e disse: "Já chega de histórias por hoje". Isso foi há três meses, mas, desde então, ele nunca mais contou histórias.

Vamos agora à questão mais ampla do afeto e da empatia em geral. Assim como na relação entre pais e filhos, aqui existem complicações decorrentes da possibilidade de abuso de poder dos pais; seria necessário lidar com essas complicações antes de atacar a questão geral.

Não há nenhum método eficaz para *compelir* a criança a sentir empatia ou afeição; o único método possível é observar as condições sob as quais esses sentimentos surgem espontaneamente e, então, tentar reproduzir tais condições. A empatia, sem dúvida, é instintiva, pelo menos em parte. As crianças ficam preocupadas quando seus irmãos e irmãs choram e, muitas vezes, choram junto. Põem-se veementemente contra os adultos quando estes lhes fazem coisas desagradáveis. Certa vez, meu filho sofreu um ferimento no cotovelo e precisou de curativo. Sua irmã (aos 18 meses de idade) podia ouvi-lo chorar no outro quarto e ficou muito transtornada. Ela ficava repetindo "Jonny chorando, Jonny chorando", até se encerrar a agonia do menino. Quando meu filho viu a mãe tirar um espinho do pé da irmã com uma agulha, perguntou, aflito: "Não vai doer, mamãe?". Ela disse que sim, para ele aprender a não fazer grande estardalhaço. Ele insistiu em perguntar se não doía, ao que a mãe insistiu em dizer que sim. Ele, então, desatou a chorar com muita força, como se o espinho estivesse em seu pé. Tais ocorrências provêm da empatia física instintiva. Essa é a base sobre a qual as formas mais elaboradas de empatia têm de ser construídas. É claro que, para educar positivamente nesse aspecto, não é preciso mais nada além de fazer a criança ver que as pessoas e os animais podem sentir dor e, de fato, sentem em certas circunstâncias. Há, no entanto, uma condição negativa: a criança não deve ver as pessoas que respeita cometendo ações rudes e cruéis. Se o pai pratica tiro ou a mãe é grosseira com os empregados, a criança assimilará esses vícios.

Não é fácil saber como e quando deixar que a criança tenha ciência dos males do mundo. É impossível que ela cresça alheia às guerras, aos massacres, à pobreza e às doenças evitáveis que não são evitadas. Em algum momento, a criança precisa conhecer essas coisas e combinar o conhecimento com a firme convicção de que é terrível infligir, ou mesmo permitir que se inflija, qualquer sofrimento que possa ser evitado. Aqui nos defrontamos com um problema semelhante ao que enfrentam as pessoas que querem preservar a castidade feminina; essas pessoas costumavam acreditar na ignorância até o casamento, mas agora adotam métodos mais positivos.

Conheci alguns pacifistas que queriam ensinar História sem referência a guerras e pensavam que as crianças deveriam, tanto quanto possível, permanecer na completa ignorância quanto à crueldade do mundo. Entretanto não consigo apreciar a "virtude fugitiva e enclausurada" que depende da ausência de conhecimento. Se tivermos de ensinar História, temos de ensiná-la com verdade. Se a história verdadeira contradizer a moral que gostaríamos de ensinar, nossa moral deve estar errada e faremos melhor em abandoná-la. Admito que muitas pessoas, inclusive as mais virtuosas, consideram que alguns fatos são inconvenientes, mas isso se deve a certa fragilidade em sua virtude. Uma moralidade verdadeiramente robusta só irá se fortalecer com o mais completo conhecimento do que de fato acontece no mundo. Não podemos correr o risco de que os jovens a quem educamos na ignorância escolham alegremente a perversidade assim que souberem que ela existe. A menos que lhes ensinemos a aversão à crueldade, eles não irão se abster de praticá-la; e eles não poderão sentir essa aversão se não souberem que ela existe.

Mas não é nada fácil encontrar o jeito certo de passar às crianças o conhecimento do mal. Sem dúvida, as que vivem nos bairros pobres das grandes cidades aprendem muito cedo o que são as bebedeiras, as brigas, as surras em mulheres e assim por diante. Pode ser que isso não lhes faça mal, quando contrabalançado por outras influências; porém nenhum pai cuidadoso iria deliberadamente expor um filho muito novo a essas coisas. Creio que a maior objeção seja que essas cenas venham a criar um pavor tão vívido a ponto de perdurar pelo resto da vida. Por ser indefesa, a criança não pode evitar o terror ao compreender que a crueldade contra as crianças é algo possível. Eu tinha uns 14 anos quando li *Oliver Twist* pela primeira vez, mas o livro me encheu de um horror que mal pude suportar naquela pouca idade. Os jovens não devem saber de coisas horríveis até que sejam maduros o suficiente para encará-las com certo equilíbrio. Esse momento chegará mais cedo a uns do que a outros: aqueles que são tímidos ou imaginativos devem ser protegidos por mais tempo do que os impassíveis e dotados de coragem inata. O hábito mental do destemor, devido à expectativa da bondade, precisa estar firme antes que a criança encare a existência da maldade. Escolher o momento e a maneira é algo que requer tato e compreensão; não é matéria que se possa decidir por uma regra geral.

Há, no entanto, certas máximas que deveriam ser seguidas. Para começar, histórias como as do Barba Azul e de Jack, o Matador de Gigantes, não envolvem nenhum conhecimento sobre a crueldade e não levantam os problemas que estamos examinando. Para a criança, essas histórias são puramente fantasiosas, nunca e de nenhuma forma conectadas ao mundo real. Certamente o prazer que sente ao ouvi-las se conecta aos instintos selvagens, mas estes são inofensivos, meros impulsos de brincadeira em uma criança impotente, e tendem a desaparecer à medida que ela cresce. Mas, ao se apresentar à criança a crueldade como uma coisa do mundo real, deve-se tomar cuidado para escolher incidentes nos quais ela se identifique com a vítima, e não com o torturador. Algo que possa ter de selvagem vai exultar com uma história na qual ela se identifique com o tirano: uma história desse tipo tende a produzir um imperialista. Mas a história de Abraão se preparando para sacrificar Isaac ou a das ursas matando os meninos que Eliseu amaldiçoara naturalmente despertam a empatia da criança por outras crianças. Ao contarmos tais histórias, devemos fazê-lo de modo a demonstrar a que abismos de crueldade os homens conseguiam descer antigamente. Certa vez, quando criança, ouvi um sermão de uma hora inteiramente dedicado a provar que Eliseu estava certo ao amaldiçoar os meninos. Por sorte, eu já tinha idade o bastante para entender que o pastor era um tolo; caso contrário, eu teria ficado louco de horror. A história de Abraão e Isaac parecia ainda mais terrível, porque era o pai a ser cruel com o filho. Quando tais histórias são contadas a partir do pressuposto de que Abraão e Eliseu eram virtuosos, elas ou são ignoradas ou comprometem profundamente os padrões morais da criança. Mas, quando são contadas como uma introdução à perversidade humana, elas se tornam proveitosas, pois são vívidas, remotas e irreais. A história de Hubert arrancando os olhos do pequeno Arthur em *King John* pode ser utilizada do mesmo modo.

Sendo assim, pode-se ensinar a História com todas as suas guerras. Mas, ao falarmos sobre as guerras, a empatia, em um primeiro momento, deve se dirigir aos derrotados. Eu começaria pelas batalhas nas quais seja natural sentir-se ao lado dos vencidos – como, por exemplo, a Batalha de Hastings, para os garotos ingleses. Também enfatizaria sempre os ferimentos e sofrimentos impingidos. E, aos poucos, levaria a criança a não tomar nenhum partido nas leituras sobre as guerras e a ver os homens de ambos os lados como tolos que perderam a compostura e precisavam de uma babá que os pusesse na cama até que se comportassem direitinho. Eu compararia as guerras a brigas entre crianças no berçário. Desse modo, creio que as crianças poderiam enxergar a verdade sobre a guerra e perceber como ela é estúpida.

Sobre a educação

Se um exemplo concreto de maldade ou crueldade chegar ao conhecimento da criança, ele deverá ser minuciosamente discutido, com todos os valores morais que o adulto relacione ao incidente, e sempre com a sugestão de que as pessoas que agiram com crueldade foram tolas e não souberam agir melhor porque não foram bem criadas. Mas, se a criança não observar espontaneamente essas situações, eu não chamaria sua atenção para tais coisas no mundo real, pelo menos não até que ela se familiarize com o assunto por meio das histórias, sejam reais ou fantásticas. Só depois é que eu lhe apresentaria o conhecimento do mal ao seu redor. Porém sempre lhe daria a sensação de que o mal pode ser combatido e que resulta da ignorância, da falta de autocontrole e da má educação. Não a encorajaria a ficar indignada com os malfeitores, e sim a vê-los como desajustados que não sabem em que consiste a felicidade.

A partir do germe instintivo, o cultivo das empatias amplas é matéria essencialmente intelectual: depende do direcionamento correto da atenção e da percepção de fatos que os militaristas e autoritários suprimem. Tome-se, por exemplo, a descrição que Tolstoi faz da visita de Napoleão ao campo de batalha de Austerlitz após a vitória. A maioria das histórias abandona o campo de batalha assim que se encerra o combate; mas o simples expediente de ali permanecer por mais doze horas pinta um quadro completamente distinto da guerra e de como ela é produzida. Isso não se faz suprimindo fatos, mas, sim, apresentando mais fatos. E o que se aplica às batalhas também se aplica a outras formas de crueldade. Em todos os casos, deveria ser totalmente desnecessário assinalar a moral; o jeito certo de contar a história já deveria ser suficiente. Não moralize, deixe os fatos produzirem sua própria moral na mente da criança.

Ainda resta dizer algumas palavras sobre o afeto, que difere da empatia por ser inevitável e essencialmente seletivo. Já falei sobre a afeição entre pais e filhos; agora gostaria de examinar a afeição entre iguais.

O afeto não pode ser criado; só pode ser liberado. Há um tipo de afeto que, em parte, tem raízes no medo; o afeto pelos pais tem esse elemento, pois os pais fornecem a proteção. Na infância, afeições desse tipo são naturais, mas, na vida adulta, elas são indesejáveis; e, mesmo na infância, a afeição por outras crianças não é desse tipo. Minha filhinha é profundamente afeiçoada ao irmão, embora ele seja a única pessoa no mundo dela que a trata mal de vez em quando. É muito mais provável que exista afeto entre iguais, que é o melhor tipo, onde haja felicidade e ausência de medo. Os pavores, conscientes ou inconscientes, tendem a produzir ódio, porque através deles as outras pessoas são vistas como propensas a infligir danos. Para muita gente, a inveja é uma barreira para a expansão do afeto. Não creio que se possa evitar a inveja, a não ser por meio da felicidade; a disciplina moral não tem poder de tocar essas formas subconscientes. A felicidade, por sua vez, pode ser facilmente impedida pelo medo. Os jovens que têm a chance de serem felizes são dissuadidos pelos pais e pelos "amigos", supostamente em nome da moral, mas, na verdade, por causa da inveja. Se os jovens tiverem coragem suficiente, ignorarão os estraga-prazeres; caso contrário, terão de sucumbir à tristeza e se juntar aos moralistas invejosos. A educação do caráter que estamos considerando tem como objetivo produzir felicidade e coragem; creio, portanto, que faz o possível para liberar o afeto. Não se pode fazer mais do que isso. Se você disser às crianças que elas precisam ser afetuosas, correrá o risco de criar hipócritas e farsantes. Mas, se você cercá-las de bondade e as fizer livres e felizes, verá que elas se tornarão espontaneamente amigáveis com todo mundo e que quase todo mundo será amigável com elas. Uma disposição afetuosa sincera se justifica porque traz em si um encanto irresistível e cria a reação esperada. Esse é um dos resultados mais importantes que podemos esperar de uma correta educação do caráter.

12.
Educação sexual

O tema do sexo está tão cercado de superstições e tabus que é com receio que me aproximo dele. Temo que os leitores que até aqui concordaram com meus princípios venham a suspeitar deles quando os virem aplicados a essa esfera; talvez tenham prontamente admitido que o destemor e a liberdade sejam bons para a criança, mas, mesmo assim, pode ser que desejem impor servidão e terror naquilo que se refere ao sexo. Não posso limitar dessa maneira princípios que julgo saudáveis e, portanto, tratarei de sexo exatamente como venho tratando dos outros impulsos que formam o caráter humano.

Há um ponto no qual o sexo se revela peculiar, independentemente dos tabus: trata-se de um instinto que amadurece mais tarde. É verdade, como apontam os psicanalistas (embora com considerável exagero), que esse instinto não está ausente na infância. Suas manifestações infantis, entretanto, são diferentes das que surgem na vida adulta, sua força é menor e é fisicamente impossível para a criança satisfazer esse instinto à maneira dos adultos. A puberdade continua sendo uma importante crise emocional que irrompe no meio da educação intelectual, causando perturbações que geram problemas difíceis para o educador. Não tentarei discutir muitos desses problemas; o que proponho examinar deve ser feito, sobretudo, antes da puberdade. É nesse aspecto que se faz mais necessária uma reforma educacional, em especial na primeira infância. Ainda que discorde dos freudianos em vários pontos, penso que eles prestaram um serviço muito valioso, ao assinalar que os distúrbios nervosos da vida adulta são fruto da conduta equivocada para com crianças em assuntos relacionados ao sexo. Seus trabalhos já produziram amplos benefícios, mas ainda há que se superar um imenso preconceito. A dificuldade aumenta grandemente, é claro, com a prática de deixar as crianças de poucos anos de vida nas mãos de mulheres totalmente ignorantes, que não podem conhecer, e muito menos apoiar, aquilo que homens cultos vêm dizendo com palavras complicadas, necessárias para escapar à acusação de obscenidade.

Abordando nossos problemas em ordem cronológica, o primeiro com que se defrontam as mães e as babás é o da masturbação. Autoridades competentes afirmam que essa prática é universal entre meninos e meninas de 2 ou 3 anos de idade, mas que, normalmente, cessa um pouco depois. Às vezes, ela fica mais pronunciada por conta de alguma irritação física, que tem cura. (Não me cabe entrar no campo médico.) Porém, em geral, a masturbação existe mesmo na ausência desses motivos especiais. O costume é encará-la com horror e fazer ameaças terríveis no intuito de suprimi-la. Em regra, essas ameaças não surtem efeito, embora nelas se creia; o resultado é que a criança vive em uma agonia de apreensão, que se dissocia de sua causa original (agora reprimida no inconsciente), no entanto continua a produzir pesadelos, nervosismo, delírios e terrores insanos. Quando não reprimida, a masturbação infantil, ao que parece, não traz efeitos nocivos para a saúde[1] e nenhum defeito evidente sobre o caráter; os efeitos nocivos que se observam em ambos os aspectos podem ser, ao que parece, atribuídos inteiramente às tentativas de reprimi-la. Mesmo se a masturbação fosse prejudicial, seria pouco inteligente impor uma proibição que não será cumprida; e, dada a natureza do caso, é impossível ter certeza de que a criança não prosseguirá com a prática, mesmo depois de você a proibir de fazê-lo. Se você não fizer nada, é provável que a prática logo venha a se interromper. Mas, se você fizer alguma coisa, será bem menos provável que a prática cesse e, então, você terá lançado as bases para terríveis distúrbios nervosos. Assim, por mais difícil que pareça, devemos deixar a criança em paz nesse aspecto. Não quero dizer que você tenha de desistir de outros métodos que não a proibição, desde que estes lhe sejam disponíveis. Faça com que a criança esteja com sono ao ir para a cama, para que não fique acordada por muito tempo. Deixe que ela fique com seu brinquedo preferido na cama, o qual poderá distrair sua atenção. Tais métodos são irrepreensíveis. Contudo, se eles falharem, não recorra à proibição, nem chame a atenção da criança para a prática. Assim, ela provavelmente cessará por si mesma.

A curiosidade sexual normalmente começa durante o terceiro ano de vida, na forma de um interesse pelas diferenças físicas entre homens e mulheres, entre adultos e crianças. Por natureza, essa curiosidade não tem nenhuma qualidade especial

---

[1] Em casos muito raros, a masturbação pode causar algum mal, mas este poderá ser facilmente curado e não tem consequências mais graves do que o hábito de chupar o dedo.

na primeira infância, apenas faz parte de uma curiosidade geral. A qualidade especial que se julga existir nas crianças que crescem de modo convencional se deve à prática dos adultos em fazer mistérios. Quando não há mistério, a curiosidade morre assim que satisfeita. A criança deve poder, desde o início, ver seus pais, irmãos e irmãs sem roupa, sempre que isso acontecer naturalmente. Não se deve fazer estardalhaço; a criança simplesmente não precisa saber que as pessoas têm sentimentos a respeito da própria nudez. (É claro que, mais tarde, ela virá a saber.) Dessa forma, veremos que a criança nota as diferenças entre o pai e a mãe e as conecta às diferenças entre irmãos e irmãs. Tão logo o assunto seja explorado nesses termos, ele se tornará desinteressante, como um armário que está sempre aberto. E é claro que toda e qualquer pergunta que a criança fizer nesse período deve ser respondida como se responderia a qualquer outra pergunta de qualquer outro tema.

Responder a perguntas constitui grande parte da educação sexual. Há duas regras gerais. Primeira: sempre dê uma resposta verdadeira. Segunda: encare o conhecimento sexual exatamente como qualquer outro conhecimento. Se a criança lhe faz uma pergunta inteligente sobre o Sol, a Lua e as nuvens, ou sobre carros e motores, você fica feliz e lhe responde tanto quanto ela possa entender. Essas respostas a perguntas são uma parte muito significativa da primeira educação. Mas, se a criança lhe faz uma pergunta relacionada ao sexo, você fica tentado a dizer "Cale-se!". Mesmo que você tenha aprendido a não fazê-lo, ainda vai responder de forma rápida e seca, talvez até com um certo embaraço nos modos. A criança logo notará a *nuance* e, assim, você terá lançado as bases da lascívia. Você deve responder com a mesma plenitude e naturalidade que teria se a pergunta fosse sobre qualquer outro assunto. Não se permita sentir, nem mesmo de modo inconsciente, que há algo sujo e repugnante no sexo. Se você o fizer, seu sentimento vai se comunicar à criança. Ela então pensará, necessariamente, que há algo sórdido nas relações entre os pais; mais tarde, a criança irá concluir que são maus os comportamentos que levaram à sua existência. Nos jovens, tais sentimentos fazem com que emoções instintivas sejam quase impossíveis, não apenas durante a juventude, mas por toda a vida adulta. Se a criança tiver um irmão ou irmã nascidos quando for madura o suficiente para fazer perguntas a respeito, depois dos 3 anos de idade, digamos, fale para ela que o bebê cresceu dentro do corpo da mãe e que ela própria nasceu do mesmo jeito. Deixe-a ver a mãe amamentando o bebê e explique que o mesmo aconteceu com ela. Tudo isso, assim como todas as outras coisas relacionadas ao sexo, devem ser ditas sem solenidade, com um espírito puramente científico. A criança não deve ouvir frases sobre "as funções sagradas e misteriosas da maternidade"; a coisa toda deve ser simples e totalmente natural.

Se não ocorrer nenhum adendo à família quando a criança tiver idade suficiente para fazer perguntas, é provável que o assunto surja no momento de dizer "isso aconteceu antes de você nascer". Acho que meu filho ainda tem bastante dificuldade de entender que houve um tempo em que ele não existia; se lhe falo a respeito da construção das Pirâmides ou de algum tópico parecido, ele sempre quer saber o que estava fazendo naquela hora e fica simplesmente perplexo quando ouve que sequer existia. Mais cedo ou mais tarde, ele vai querer saber o que significa "nascer" e, então, nós explicaremos.

É menos provável que a participação do pai na geração surja naturalmente na resposta às perguntas, a menos que a criança more em uma fazenda. Mas é muito importante que a criança receba esse conhecimento primeiro dos pais ou dos professores, e não de outras crianças cuja má educação possa ter prejudicado. Lembro-me vivamente de ter ouvido essas coisas de um outro garoto, quando tinha 12 anos de idade; ele tratou do assunto com um espírito indecente, como matéria para piadas obscenas. Era uma experiência comum para os garotos da minha geração. Resultava, naturalmente, que a maioria passava a vida achando que sexo era uma coisa cômica e nojenta, com o efeito de que não conseguiam respeitar a mulher com quem tinham relações, mesmo se fosse a mãe de seus filhos. Os pais adotam uma política covarde de confiar a educação sexual à sorte, embora os homens devam se lembrar muito bem de como obtiveram as primeiras lições no assunto. Não consigo imaginar como se supunha que tal sistema pudesse fazer bem à saúde mental ou à moral. O sexo precisa ser tratado, desde o início, como algo natural, prazeroso e decente. Fazer qualquer coisa em contrário é envenenar as relações entre homens e mulheres, entre pais e filhos. O sexo está em sua melhor forma quando entre pai e mãe que amam um ao outro e aos filhos. É muito melhor que a criança saiba logo do sexo na relação entre os pais do que o deduza de impressões obscenas. É particularmente ruim que descubra o sexo entre os pais como um segredo culposo que quiseram lhe esconder.

Se não houvesse chance de o assunto do sexo ser ensinado por outras crianças, o tema poderia ficar a cargo da operação natural da curiosidade da criança, e os pais poderiam se limitar a responder às perguntas – desde que tudo ficasse claro antes

Sobre a educação

da puberdade. Isso, sem dúvidas, é absolutamente essencial. É cruel deixar que um garoto ou uma garota sejam atingidos pelas transformações físicas e emocionais dessa época sem preparo e, provavelmente, com a sensação de estar sofrendo de alguma doença terrível. Além disso, o tema do sexo é, depois da puberdade, tão eletrizante que um garoto ou garota não conseguem ouvi-lo com um espírito científico, o que é perfeitamente possível com menos idade. Desse modo, excetuando a possibilidade da conversa obscena, um garoto ou garota têm de conhecer a natureza do ato sexual antes de chegarem à puberdade.

O momento exato de fornecer essa informação depende das circunstâncias. Uma criança inquisitiva e intelectualmente ativa saberá antes do que uma criança lerda. Em momento nenhum uma curiosidade poderá ficar insatisfeita. Por mais nova que seja a criança, ela deverá saber a resposta para o que perguntar. E o comportamento dos pais deve ser tal que a criança possa perguntar o que quiser saber. Se ela não perguntar espontaneamente, contudo, deverá mesmo assim saber antes dos dez anos de idade, para evitar o risco de que venha a saber por intermédio de outros, de forma ruim. Pode ser, portanto, desejável estimular sua curiosidade por meio da instrução sobre a geração de plantas e animais. Não é necessário que haja uma ocasião solene, nada de tosse para limpar a garganta, nem de exórdios como: "Agora, meu filho, vou lhe contar uma coisa, pois já é tempo de você sabê-lo". A coisa deve ser banal e ordinária. É por isso que fica melhor na forma de respostas a perguntas.

Suponho que, a esta altura, seja desnecessário dizer que meninos e meninas devem receber tratamento igual. Nos meus tempos de juventude, era muito comum que as moças "bem criadas" casassem antes de saber alguma coisa sobre a natureza do casamento e que o aprendessem com o marido; mas não tenho ouvido coisas assim nos últimos anos. Creio que a maioria das pessoas hoje em dia reconhece que a virtude baseada na ignorância não tem valor e que as garotas têm o mesmo direito ao conhecimento do que os garotos. Se ainda há alguém que não consiga reconhecer tais fatos, é pouco provável que essa pessoa esteja lendo o presente trabalho, então não vale a pena argumentar com ela.

Não proponho discutir o ensino da moralidade sexual em sentido estreito. Trata-se de um assunto em que há uma grande variedade de opiniões. Cristãos diferem dos maometanos, católicos diferem dos protestantes que toleram o divórcio, livres-pensadores diferem dos medievalistas. Os pais irão sempre querer que os filhos aprendam o tipo de moralidade sexual em que eles próprios acreditam, e não posso desejar que o Estado interfira em tal aspecto. Mas, sem entrar em questões polêmicas, há muita coisa que poderia constituir uma base comum.

Antes de tudo, a higiene. Os jovens precisam saber o que são as doenças venéreas antes de correr o risco de contraí-las. E precisam conhecê-las com verdade, sem os exageros que algumas pessoas cometem em nome da moral. Eles têm de aprender como evitá-las e como curá-las. É um erro passar apenas as instruções necessárias ao perfeito virtuoso e julgar os infortúnios que acontecem aos outros como uma punição justa ao pecado. Seria o mesmo que recusar socorro à vítima de um acidente de carro, com o argumento de que a direção imprudente é um pecado. Ademais, tanto em um caso quanto no outro, a punição pode cair sobre o inocente; ninguém pode sustentar que uma criança que nasce com sífilis seja perversa, nem que um homem seja perverso se um motorista descuidado passar por cima dele.

Os jovens devem compreender que ter um filho é uma questão muito séria e que não deve ser levada adiante, a menos que a criança tenha uma perspectiva de vida razoável no que tange à saúde e à felicidade. A visão tradicional diz que, dentro do casamento, é sempre justificável ter filhos, mesmo quando eles vêm tão rápido que arruínam a saúde da mãe, mesmo quando as crianças são doentes ou insanas, mesmo quando não há expectativa de que venham a ter o que comer. Hoje, essa visão só é defendida por dogmatistas sem coração, que pensam que tudo o que desgraça a humanidade ressalta a glória de Deus. As pessoas que se importam com as crianças, ou que não gostam de infligir a miséria sobre os desamparados, rebelam-se contra os dogmas impiedosos que justificam essa crueldade. O cuidado com os direitos e a importância das crianças, com tudo o que isso implica, deveria constituir parte essencial da educação moral.

As garotas devem aprender a esperar o dia em que poderão ser mães e precisam adquirir alguns rudimentos dos saberes que lhes serão úteis para essa capacidade. É claro que tanto os meninos quanto as meninas devem aprender algo sobre fisiologia e higiene. E tem de ficar muito claro que ninguém será um bom pai sem afeição parental, mas que mesmo esse afeto parental exige muito conhecimento. No trato com as crianças, o instinto sem conhecimento é tão inadequado quanto o conhecimento sem instinto. Quanto mais a necessidade de conhecimento seja compreendida, mais mulheres inteligentes se sentirão atraídas para a maternidade. Hoje em dia, muitas mulheres altamente educadas a desprezam, achando que ela não fornece escopo para o exercício de suas faculdades mentais; isso é um grande infortúnio, pois, se seus pensamentos se voltassem nessa direção, elas seriam as melhores mães.

Uma outra coisa é essencial no ensino do amor sexual. Os ciúmes não podem ser vistos como uma insistência justificável nos direitos, mas como uma desgraça para quem os sente e um mal para quem é seu objeto. Quando elementos possessivos se intrometem no amor, este perde seus poderes vivificantes e corrói a personalidade; quando tais elementos ficam ausentes, o amor desenvolve a personalidade e traz maior intensidade à vida. Antigamente, os pais arruinavam as relações com os filhos por pregar o amor como um dever; maridos e mulheres ainda arruínam com frequência suas relações por causa do mesmo erro. O amor não pode ser um dever, porque não se sujeita à vontade. É um dom do firmamento, o melhor que o firmamento já nos conferiu. Os que o trancam em uma jaula destroem a beleza e a alegria que ele só pode demonstrar quando livre e espontâneo. Aqui, mais uma vez, o inimigo é o medo. Aquele que tem medo de perder o que faz a alegria de sua vida já o perdeu. Nisso, assim como em outras coisas, o destemor é a essência da sabedoria.

13.
A escola maternal

Nos capítulos anteriores, tentei traçar um panorama do que pode ser feito para incutir nas crianças pequenas os hábitos que lhes darão felicidade e serão úteis na vida adulta. Mas não discuti uma questão: os pais devem dar essa educação, ou esta pode ser dada em escolas concebidas para esse propósito? Creio que os argumentos a favor da escola maternal são irresistíveis — não só para as crianças cujos pais sejam pobres, ignorantes e sobrecarregados de trabalho, mas para todas as crianças, ou, pelo menos, para todas as crianças que morem nas cidades. Acredito que as crianças da escola maternal da srta. Margaret McMillan, em Deptford, recebem algo muito melhor do que qualquer outra criança de pais abastados possa obter nos dias de hoje. Gostaria de ver o mesmo sistema estendido para todas as crianças, sejam ricas ou pobres. Entretanto, antes de discutirmos as escolas maternais atuais, vejamos as razões que tornam desejável tal instituição.

Para começar, a primeira infância é imensuravelmente importante, tanto no aspecto médico quanto no psicológico. Os dois aspectos se vinculam de forma muito estreita. Por exemplo: o medo fará a criança respirar mal, e a má respiração causará predisposição a uma série de doenças.[1] Tais inter-relações são tão numerosas que ninguém pode esperar obter êxito com o caráter da criança sem algum conhecimento médico, nem com sua saúde sem algum conhecimento psicológico. Em ambas as direções, boa parte do conhecimento que se requer é muito nova e, em geral, vai contra as tradições consagradas pelo tempo. Tomemos, por exemplo, a questão da disciplina. O grande princípio na disputa com a criança é: não ceder, mas não punir. Os pais convencionais às vezes cedem para ter um pouco de sossego e às vezes punem porque estão exasperados. Para se obter êxito, o método correto requer uma combinação difícil entre paciência e poder de sugestão. Este é um exemplo psicológico; ar fresco é um exemplo médico. Desde que haja sabedoria e os devidos cuidados, as crianças se beneficiam com o ar fresco, de dia e à noite, sem muita roupa. Mas, caso não haja cuidado nem sabedoria, não se poderá ignorar o risco de resfriados por conta da umidade ou do frio repentino.

Não se pode esperar que os pais tenham a habilidade ou o tempo livre necessário para a nova e difícil arte de lidar com crianças pequenas. Isso fica mais claro no caso dos pais não educados: eles não conhecem os métodos certos e, mesmo que estes lhes fossem ensinados, eles ainda não se dariam por convencidos. Moro em um distrito agrícola perto do mar, onde é fácil obter comida fresca e não há extremos de frio nem de calor; escolhi o lugar porque é ideal para a saúde das

---

[1] Sobre esse assunto, ver *The Nursery School* [A escola maternal], de Margaret McMillan (1919), p.197; e também *The Camp School*, da mesma autora.

crianças. Mesmo assim, a maioria dos filhos dos lavradores e comerciantes do local são criaturas pálidas e lânguidas, porque comem e brincam como bem entendem. As crianças nunca vão à praia, pois se pensa que a umidade nos pés é perigosa. Elas usam grossos casacos de lã até mesmo nos dias mais quentes do verão. Se fazem barulho ao brincar, logo vem a repriminda ao comportamento. Mas, por outro lado, permite-se que fiquem acordadas até tarde e que comam petiscos insalubres dos adultos. Seus pais não conseguem entender porque meus filhos ainda não morreram de frio ou insolação; porém nenhuma lição objetiva irá convencê-los de que seus métodos podem melhorar. Não se trata de gente pobre, nem lhes falta afeição parental, mas são obstinadamente ignorantes por conta da má educação. No caso dos pais que moram nas cidades e são pobres e sobrecarregados de trabalho, os males são, é claro, muito maiores.

Contudo, mesmo no caso dos pais que são altamente educados, conscientes e não muito atarefados, as crianças não encontram em casa tudo o que podem receber em uma escola maternal. Em primeiro lugar, elas não têm a companhia das outras crianças da mesma idade. Se a família for pequena, como as famílias normalmente são, as crianças podem receber atenção demais por parte dos adultos e, em consequência, ficar irritáveis e precoces. Além disso, os pais não conseguem propiciar a experiência de um bando de crianças, o que dá um toque especial. E somente os ricos podem fornecer o espaço e o meio ideal para as crianças pequenas. Mas, quando fornecidas de forma privada por uma família, tais coisas produzem o orgulho da posse e a sensação de superioridade, que são extremamente prejudiciais no campo moral. Por todos esses motivos, creio que até mesmo os melhores pais fariam bem ao enviar seus filhos para uma escola adequada, a partir dos 2 anos de idade, pelo menos por um período do dia – desde que exista tal escola na vizinhança, é claro.

Hoje em dia, há dois tipos de escolas, de acordo com o *status* dos pais. Há as escolas Froebel e as escolas Montessori para crianças abastadas e um pequeno número de escolas maternais para crianças muito pobres. Entre estas últimas, a mais famosa é a da srta. McMillan, sobre a qual o livro mencionado anteriormente faz um relato que todos os que amam as crianças deveriam ler. Estou inclinado a pensar que nenhuma escola para ricos seja melhor que a dela, em parte porque já tem números maiores, em parte porque não se deixa incomodar pelo espalhafato que os esnobes das classes médias impõem aos professores. Sua escola visa manter as crianças de 1 até 7 anos de idade, se possível, embora as autoridades educacionais tendam a pensar que as crianças têm de ir para uma escola comum aos 5 anos. As crianças chegam às 8 horas da manhã e ficam até às 6 da tarde; fazem todas as refeições na escola. Passam o maior tempo possível ao ar livre e, mesmo quando em sala, têm uma quantidade extraordinária de ar puro. Antes de a criança se matricular, ela passa por um exame médico e, sempre que possível, é tratada em uma clínica ou hospital. Depois da matrícula, as crianças continuam saudáveis, com raríssimas exceções. Há um jardim imenso e muito bonito, onde as crianças passam boa parte do tempo brincando. Em termos gerais, o ensino segue as linhas Montessori. Depois da refeição principal, todas dormem. A despeito do fato de ficarem à noite e aos domingos em casas pobres, talvez até mesmo em porões, com pais bêbados, seu físico e inteligência são iguais aos das crianças das

Sobre a educação

melhores classes sociais. Eis o relato da srta. McMillan a respeito dos alunos de 7 anos:

> Quase todas as crianças são altas e têm boa postura. Na verdade, quando não são altas, todas têm boa postura, e a criança média é bem constituída, com pele boa, olhos vivos e cabelos sedosos. Ele ou ela estão um pouco acima da média dos melhores exemplares de crianças abastadas advindas das classes altas. Isso basta para lhes descrever o físico. No aspecto mental, a criança é alerta, sociável, desejosa de vida e novas experiências. Ela sabe ler e grafar perfeitamente, ou quase perfeitamente. Escreve bem e se expressa com facilidade. Fala bem o inglês e também o francês. Pode tomar conta não apenas de si mesma, mas, por anos, já tomou conta das crianças mais novas. E sabe contar, medir, desenhar e tem algum preparo para a ciência. Passou os primeiros anos aqui em uma atmosfera de amor, quietude e *diversão*, seus últimos dois anos foram cheios de experiências e experimentos interessantes. Sabe muitas coisas sobre jardinagem e já plantou, regou e cuidou, não só de plantas, mas também de animais. A criança de sete anos também sabe dançar, cantar e jogar muitos jogos. Essas são as crianças que, aos milhares, em breve se apresentarão às portas das *junior schools*. O que fazer com elas? Eu gostaria de assinalar, acima de tudo, que o trabalho dos professores da escola elementar mudará de súbito com essa irrupção repentina de vida jovem, forte e sadia. Ou a escola maternal será uma coisa insignificante, um novo fracasso, ou logo influenciará não apenas as escolas primárias, mas também as secundárias. Ela fornecerá um novo tipo de criança para a educação e isso, mais cedo ou mais tarde, deverá ter influência sobre todas as escolas, sobre toda a nossa vida social, sobre o tipo de governo e

leis formuladas para as pessoas e sobre a relação de nosso país com as outras nações.

Não creio que essas afirmações sejam exageradas. A escola maternal, caso fosse universalizada, poderia, em uma geração, eliminar as profundas diferenças educacionais que hoje dividem as classes, poderia gerar toda uma população que gozasse do desenvolvimento físico e mental que atualmente se confina aos mais afortunados, poderia, por fim, remover o peso morto das doenças, da estupidez e da malevolência que tanto dificultam o progresso. De acordo com o Educational Act de 1918, as escolas maternais deveriam ser promovidas com o dinheiro do governo; mas, quando baixou o Geddes Axe,[2] decidiu-se que era mais importante construir navios de guerra e portos em Cingapura, para facilitar uma guerra com os japoneses. Hoje, o governo gasta 650 mil libras esterlinas por ano para induzir o povo a se envenenar com conservantes no bacon e na manteiga das colônias, em vez de comer manteiga pura da Dinamarca. Para garantir essa finalidade, nossas crianças estão condenadas à doença, à miséria e ao torpor intelectual, dos quais se poderiam salvar multidões se a mesma quantia de dinheiro fosse investida nas escolas maternais. As mães agora têm direito ao voto; será que um dia elas aprenderão a usá-lo para o bem de seus filhos?

Para além dessas considerações mais gerais, é preciso compreender que o correto cuidado com as crianças constitui trabalho

---

2 Algo como "o machado de Geddes". Política de cortes públicos sugerida ao governo britânico, em 1920, por uma comissão cujo presidente era Sir Eric Geddes. (N. T.)

de especialistas, o qual os pais não podem ter a ilusão de cumprir satisfatoriamente e que é bastante distinto do ensino dos anos posteriores. Para citar a srta. McMillan mais uma vez:

> A criança da escola maternal tem um desenvolvimento físico muito bom. Deixa para trás não apenas os vizinhos dos bairros pobres; os "melhores" dos bairros ricos, crianças de classes altas, de constituição muito boa, também ficam para trás. Está claro que é preciso algo mais que amor parental e "responsabilidade parental". Todas as regras de ouro falharam. O "amor parental" sem conhecimento falhou. A criação das crianças não falhou. Trata-se de um trabalho altamente especializado.

No que diz respeito às finanças:

> Hoje em dia, uma escola maternal para cem crianças pode funcionar com um custo anual de 12 libras por cabeça e, dessa soma, os pais dos bairros mais pobres podem pagar apenas um terço. Uma escola maternal com estudantes custará um pouco mais, mas boa parte do custo sobressalente iria para o pagamento e formação de futuros professores. Uma escola ao ar livre, com um centro de treinamento de professores e cerca de cem crianças e trinta estudantes, custaria £ 2.200 por ano, o que quase não faz diferença.

Mais uma citação:

> Um dos grandes resultados da escola maternal será uma passagem mais rápida das crianças pelo currículo atual. Quando elas estiverem na metade ou a dois terços da vida escolar de hoje, já estarão prontas para executar tarefas mais avançadas [...]. Em

suma, a escola maternal, se for um *verdadeiro* espaço de educação, e não apenas um lugar onde os bebês são "cuidados" até completarem cinco anos, afetará todo o nosso sistema educacional de forma muito poderosa e veloz. Ela elevará prontamente o nível de cultura e realização em todas as escolas, a começar pelas *junior schools*. Provará que pode ser varrida para longe esta balbúrdia de doença e miséria em que vivemos e que faz o trabalho do médico se agigantar diante do ofício do professor. Fará que os muros altos, os horríveis portões, os parquinhos áridos e as salas imensas e sombrias pareçam coisas monstruosas, como de fato o são. A escola maternal dará uma chance aos professores.

A escola maternal ocupa uma posição intermediária entre a primeira educação do caráter e o ensino subsequente. Ela faz ambas as coisas ao mesmo tempo e cada uma com a ajuda da outra, com o ensino tomando, gradualmente, cada vez mais espaço, à medida que a criança se desenvolve. Foi em instituições similares à escola maternal que Madame Montessori aperfeiçoou seus métodos. Separaram-se quartos grandes em alguns cortiços de Roma e Madame Montessori se encarregou dessas "Casas de Crianças".[3] Assim como em Deptford, as crianças vinham dos setores mais pobres da população; assim como em Deptford, os resultados mostraram que o cuidado precoce pode superar as desvantagens físicas e mentais de um lar ruim.

É notável que, desde os tempos de Séguin, o progresso dos métodos educacionais com crianças pequenas sempre se tenha dado a partir do estudo de idiotas e débeis mentais, que são, em certos aspectos, mentalmente infantis. Creio que a razão

---

3 Ver Montessori, *The Montessori Method*, p.42.

para a necessidade desse desvio era que não se via a estupidez de doentes mentais como algo condenável ou curável com castigos; ninguém achava que a receita de açoitamentos do Dr. Arnold pudesse curar sua "preguiça". Por consequência, tais doentes foram tratados com ciência, e não com raiva; se eles não conseguiam compreender, nenhum pedagogo irado ralhava com eles e lhes dizia que deviam ter vergonha na cara. Se as pessoas tivessem conseguido tomar uma atitude científica, e não moralizadora, para com as crianças, teriam descoberto o que agora se sabe sobre o jeito de educá-las, sem antes ter de estudar os débeis mentais. A concepção de "responsabilidade moral" é "responsável" por muitos males. Imagine duas crianças, uma das quais tem a sorte de estar em uma escola maternal, enquanto a outra foi abandonada a uma vida miserável e impiedosa na periferia. Será que a segunda criança é "moralmente responsável" se crescer menos admirável do que a primeira? Será que seus pais são "moralmente responsáveis" pela ignorância e pelo desamparo que os fazem incapazes de educá-la? Será que os ricos são "moralmente responsáveis" pelo egoísmo e pela estupidez que lhes foram instilados nas *public schools* e que os fazem preferir seus luxos tolos à criação de uma comunidade feliz? Todos são vítimas das circunstâncias; todos tiveram o caráter deformado na infância e a inteligência tolhida na escola. De nada vale optar por enxergá-los como "moralmente responsáveis" e expô-los à reprovação pública porque foram menos afortunados do que poderiam ser.

Tanto na educação quanto em outras questões humanas, há somente um caminho para o progresso: a ciência exercida com amor. Sem a ciência, o amor é impotente; sem amor, a ciência é destrutiva. Tudo o que se vem fazendo para melhorar a educação das crianças pequenas foi feito por quem as ama; foi feito por quem conhecia tudo o que a ciência podia ensinar sobre o tema. Esse é um dos benefícios que podemos obter da educação das mulheres: antigamente, era muito menos provável que coexistissem a ciência e o amor pelas crianças. O poder de moldar as mentes jovens que a ciência põe em nossas mãos é um poder terrível, suscetível a abusos mortais; se ele cair nas mãos erradas, poderá gerar um mundo ainda mais impiedoso e cruel do que o mundo aleatório da natureza. As crianças podem aprender a ser fanáticas, belicosas e brutais, sob a ilusão de que estão aprendendo religião, patriotismo e coragem, ou comunismo, proletarismo e ardor revolucionário. O ensino deve se inspirar no amor e visar à libertação do amor nas crianças. Caso contrário, será mais eficientemente prejudicial a cada avanço na técnica científica. O amor pelas crianças existe na comunidade como uma força efetiva; isso se mostra na diminuição da taxa de mortalidade infantil e na melhoria da educação. É claro que ainda é muito fraco, senão nossos políticos não ousariam sacrificar a vida e a felicidade de inúmeras crianças a seus abomináveis esquemas de opressão e derramamento de sangue; mas esse amor existe e vem crescendo. Outras formas de amor, porém, estão em falta, estranhamente. Os mesmos indivíduos que se excedem no cuidado dos filhos também alimentam paixões que, mais tarde, irão expor esses mesmos filhos à morte nas guerras, essas insanidades coletivas. Será que é demais esperar que o amor possa se estender, aos poucos, da criança para o adulto que ela virá a ser? Será que aqueles que amam as crianças aprenderão a acompanhar os anos posteriores de sua vida com algo da mesma solicitude parental? Será que, depois de lhes dar corpos fortes e mentes vigorosas, conseguiremos deixar que usem sua força e vigor para criar um mundo melhor? Ou será que, quando elas se dedicarem a isso, vamos nos estremecer de terror e empurrá-las de volta para a escravidão e o adestramento? A ciência está pronta para ambas as alternativas; a escolha é entre o amor e o ódio, ainda que o ódio esteja disfarçado sob todas as belas frases a que os moralistas profissionais prestam homenagem.

Terceira parte
Educação intelectual

14.
Princípios gerais

A construção do caráter, que, até aqui, vem sendo nosso tema, deve ser uma questão, sobretudo, para os primeiros anos de vida. Se conduzida com inteligência, ela pode estar quase completa aos 6 anos de idade. Não quero dizer que o caráter não possa se estragar depois disso; não há idade na qual o ambiente ou circunstâncias desagradáveis não venham a causar prejuízos. Quero dizer que, depois dos 6 anos, o garoto ou a garota que receberam uma educação correta devem ter hábitos e desejos que os levarão para a direção correta, desde que se tome certo cuidado no que se refere ao ambiente. Uma escola composta por garotos e garotas corretamente criados ao longo dos seis primeiros anos de vida será um bom ambiente, supondo-se que haja um mínimo bom senso da parte das autoridades; não será necessário gastar muito tempo ou atenção com questões morais, pois essas virtudes posteriores, uma vez requeridas, deverão resultar naturalmente da educação intelectual. Não quero fazer essa afirmação com pedantismo, como se fosse uma regra absoluta, mas, sim, como um princípio a guiar as autoridades escolares no que se refere às questões nas quais precisam pôr mais ênfase. Estou convencido de que, se as crianças de até 6 anos de idade tiverem recebido o tratamento adequado, é melhor que as autoridades escolares se preocupem apenas com o progresso intelectual e que confiem neste para produzir o desenvolvimento ulterior de caráter que ainda seja desejável.

É muito ruim para a inteligência, e ainda mais para o caráter, permitir que considerações morais influenciem a instrução. Não se pode ensinar que alguns conhecimentos são prejudiciais e que algumas ignorâncias são boas. O conhecimento deve ser transmitido por um propósito intelectual, e não para provar uma conclusão política ou moral. Desde o ponto de vista do aluno, o propósito do ensino deve servir, em parte, para satisfazer sua curiosidade e, em outra parte, para lhe fornecer a habilidade necessária que o torne capaz de satisfazer sua curiosidade por conta própria. Desde o ponto de vista do professor, deve existir também o estímulo a certos tipos mais fecundos de curiosidade. No entanto nunca se pode desencorajar a curiosidade, mesmo que ela se volte a direções que estejam fora do currículo escolar. Não quero dizer que o currículo deva ser interrompido, mas apenas que a curiosidade precisa ser louvada e que o garoto e a garota precisam saber como satisfazê-la para além do período escolar, por meio dos livros na biblioteca, por exemplo.

Neste ponto, contudo, defronto-me com um argumento que deve ser encarado desde o início. E se a curiosidade do garoto for mórbida ou pervertida? E se ele se interessar por obscenidades ou por relatos de tortura? E se ele só tiver interesse em bisbilhotar a vida dos outros? Essas formas de curiosidade devem ser encorajadas? Para responder a essas perguntas, precisamos fazer uma distinção. Devemos dizer, com a maior ênfase, que não podemos nos comportar de modo a permitir que a curiosidade do garoto continue limitada a essas direções. Mas disso não se depreende que devamos fazer com que ele se sinta perverso por querer saber tais coisas, ou que devamos nos esforçar para mantê-lo longe de tais conhecimentos. Quase sempre, toda a atração por tais conhecimentos decorre do fato de que estes são proibidos; em certos casos, a atração se conecta a alguma condição mental patológica que requer tratamento mental. Porém em nenhum caso a proibição e o terror moral serão tratamentos corretos. Tomemos, por exemplo, o interesse pela obscenidade, já que se trata do caso mais comum e importante. Não creio que tal coisa pudesse existir em um garoto ou garota para quem o conhecimento sexual fosse como qualquer outro conhecimento. Um garoto que consegue obter imagens indecentes fica orgulhoso de seu feito e de saber o que seus colegas menos hábeis não conseguiram descobrir. Se ele tivesse ouvido falar de sexo aberta e decentemente, não teria interesse em tais imagens. Se, apesar disso, o garoto provasse ter tal interesse, eu o submeteria ao tratamento de um médico especializado nessas questões. O tratamento deveria começar encorajando o garoto a externar livremente até o mais chocante de seus pensamentos, continuando com um dilúvio de informações, cada vez mais técnicas e científicas, até que o assunto o entediasse por completo. Quando ele sentisse que não haveria mais nada a saber e que as coisas que ele já sabia eram desinteressantes, estaria curado. O ponto importante é que o conhecimento em si não é ruim, mas apenas o hábito de se prender a um tópico em particular. Não se cura uma obsessão, pelo menos não de início, com esforços violentos para distrair a atenção, mas, sim, com uma pletora de informações sobre o assunto. Por esse meio, o interesse pode se tornar científico, em vez de mórbido; e, quando se chegar a esse estágio, tal interesse tomará seu lugar legítimo entre outros interesses e deixará de ser uma obsessão. Estou convencido de que esse é o jeito certo de lidar com uma curiosidade estreita e mórbida. A proibição e o terror moral só irão piorá-la.

Ainda que o melhoramento do caráter não deva ser o objetivo da instrução, há certas qualidades que são muito desejáveis e essenciais para a busca exitosa do conhecimento. Podemos chamá-las de virtudes intelectuais. Elas devem resultar da educação intelectual; contudo devem fazê-lo como necessidade do ensino, e não como virtudes perseguidas pelo mero amor às próprias virtudes. Entre tais qualidades, parecem-me mais importantes: a curiosidade, a mente aberta, a crença de que o conhecimento é possível, embora difícil, a paciência, o engenho, a concentração e a exatidão. Entre essas, a curiosidade é fundamental; quando ela é forte e direcionada aos objetos certos, todo o resto virá atrás. Mas talvez a curiosidade não seja tão ativa a ponto de formar a base para toda a vida intelectual. Deve sempre haver um desejo de *fazer* algo difícil; o conhecimento adquirido deve aparecer aos olhos do aluno como uma habilidade, exatamente como uma habilidade para os esportes ou a ginástica. É inevitável, suponho eu, que a habilidade seja, em parte, apenas o que exigem as artificiais tarefas escolares; entretanto, sempre que ela puder parecer necessária para algum propósito extraescolar que atraia o aluno, algo muito importante terá sido alcançado. A separação entre conhecimento e vida é lamentável, apesar de não ser de todo evitável durante os anos de escola. Quando for difícil evitá-la, terão de existir conversas ocasionais sobre a utilidade do conhecimento em questão – falando de "utilidade" em um sentido bem amplo. Mesmo assim, eu abriria um grande espaço para a curiosidade pura, sem a qual muitos dos conhecimentos mais valiosos (a matemática pura, por exemplo) jamais teriam sido descobertos. Há muitos conhecimentos que me parecem valiosos em si mesmos, independentemente dos usos a que possam se prestar. E eu não gostaria de encorajar os jovens a procurar muito de perto um propósito ulterior em todos os conhecimentos; a curiosidade descompromissada é natural nos jovens e muito valiosa. É apenas onde ela falha que deveríamos incitar o desejo por habilidades que possam ser aplicadas na prática. Cada motivação tem seu lugar, mas nenhuma delas pode ter permissão para tomar o lugar das outras.

A mente aberta é uma qualidade que sempre existirá onde o desejo por conhecimento for genuíno. Ela só falha quando outros desejos se misturam à crença de que já sabemos a verdade. É por isso que se faz muito mais comum na juventude do que na vida adulta. As atividades de um homem estão quase necessariamente ligadas a alguma decisão a respeito de um assunto intelectualmente discutível. Um clérigo não pode se desinteressar pela teologia, nem um soldado pela guerra. Um advogado está fadado a argumentar que criminosos devem ser punidos – a menos que possam pagar os honorários. Um professor será favorável ao sistema de educação para o qual sua formação e experiência o tenham preparado. Um político dificilmente deixará de acreditar nos princípios do partido mais propenso a lhe dar um cargo. Uma vez que o homem tenha escolhido sua carreira, não poderá mais ficar eternamente se perguntando se outra opção não teria sido melhor. Na vida adulta, portanto, a mente aberta tem suas limitações, embora estas devessem vir na menor quantidade possível. Mas na juventude existe menos daquilo que William James chamou de "opções forçadas" e, por isso, há menos ocasiões para a "vontade de acreditar". Os jovens devem ser encorajados a ver todas as questões como questões abertas e a abandonar qualquer opinião depois de um debate. Essa liberdade de pensamento não implica completa liberdade de ação. Um garoto não deve estar livre para se lançar aos mares sob a influência de alguma história de aventura no Caribe. Todavia, enquanto estiver no processo de educação, ele deve se sentir livre para *pensar* que é melhor ser pirata do que professor.

O poder de concentração é uma qualidade muito valiosa, que poucas pessoas adquirem, a não ser pela educação. É verdade que tal poder cresce de maneira natural, até certo ponto, à medida que a pessoa amadurece; as crianças muito novas raramente conseguem pensar em alguma coisa por mais de uns poucos minutos, mas, a cada ano que passa, sua atenção fica menos volátil, até se tornarem adultos. Ainda assim, é muito difícil que adquiram concentração o bastante sem que tenham um longo período de educação intelectual. Três qualidades caracterizam a concentração perfeita: ela deve ser intensa, prolongada e voluntária. A intensidade se ilustra na história de Arquimedes, que, segundo consta, não percebeu quando os romanos tomaram Siracusa e chegaram para matá-lo, porque se achava absorto na resolução de um problema matemático. Ser capaz de ficar concentrado na mesma questão por um tempo considerável é essencial para as realizações mais difíceis e até mesmo para a compreensão de todo e qualquer assunto complicado ou obscuro. Um interesse espontâneo e profundo faz com que a concentração seja natural, pelo menos no que concerne ao objeto do interesse. A maioria das pessoas consegue se concentrar em um quebra-cabeça por um bom tempo; mas isso, por si só, não é muito útil. Para ser realmente valiosa, a concentração também precisa estar sob o controle da vontade. Com isso, quero dizer que, mesmo quando uma porção de conhecimento for em si mesma desinteressante, o homem pode se forçar a adquiri-la, se tiver um motivo adequado para fazê-lo. Creio que a educação superior confere, acima de tudo, o controle da atenção pela vontade. Nesse aspecto, e apenas nele, a educação à moda antiga é admirável; duvido que os métodos modernos tenham tanto sucesso ao ensinar um homem a suportar o tédio voluntário. Mas, se esse defeito de fato existe na prática educacional moderna, nada obriga que seja irremediável. Devo retornar a esse assunto mais adiante.

A paciência e o engenho devem resultar da boa educação. Antigamente, pensava-se que eles só poderiam ser assegurados, na maioria dos casos, pelo cumprimento de bons hábitos impostos pela autoridade externa. Com certeza esse método obtém alguns êxitos, como se pode ver quando o cavalo é domado. Entretanto penso que seja melhor estimular a ambição necessária para superar dificuldades, o que se pode fazer pela gradação destas, de modo que o prazer do sucesso seja, de início, bastante fácil de conquistar. Isso proporciona uma experiência de prêmios à persistência, e a quantidade de persistência exigida pode ir aumentando aos poucos. Observações similares se aplicam à crença de que o conhecimento é difícil, mas não impossível, impressão que é melhor criada quando se induz o aluno a resolver uma série de problemas cuidadosamente dispostos em gradação de dificuldade.

A exatidão, assim como o controle voluntário da atenção, talvez seja um tema ao qual os reformadores educacionais deem pouca importância. O dr. Ballard (no capítulo 16 de obra já citada) afirma categoricamente que nossas escolas elementares não são, nesse aspecto, tão boas quanto eram, ainda que tenham melhorado muito na maioria dos outros quesitos. Ele diz:

> Aplicou-se um grande número de testes aos alunos nas provas anuais dos anos 1880 e início dos 1890. E os resultados desses testes foram tabulados, com o objetivo de conceder bolsas de estudos. Quando os mesmos testes são aplicados hoje a crianças da mesma idade, os resultados são visível e consistentemente piores. Qualquer que seja a explicação, não pairam dúvidas quanto ao fato. Como um todo, o trabalho em nossas escolas – ou, pelo menos, em nossas escolas primárias – é menos exato do que era há um quarto de século.

Toda a análise do dr. Ballard sobre o tema é tão excelente que tenho pouco a acrescentar. Citarei, portanto, sua conclusão:

> Depois de todas as deduções, ela [a exatidão] ainda é um ideal nobre e inspirador. É a moralidade do intelecto: prescreve qual deve ser o esforço na busca de seu próprio ideal. O grau de nossa exatidão nos pensamentos, palavras e atos dá a medida de nosso compromisso com a verdade.

A dificuldade que sentem os defensores de métodos modernos é que a exatidão, como veio sendo ensinada até aqui, envolve o tédio, e haveria um ganho imenso se a educação conseguisse ser interessante. Neste ponto, porém, precisamos fazer uma distinção. O tédio imposto pelo professor é inteiramente ruim; o tédio voluntariamente encarado pelo aluno, no intuito de satisfazer uma ambição, é valioso, desde que não seja excessivo. Deveria fazer parte da educação incendiar os alunos com desejos que não fossem facilmente saciados — fazer cálculos, ler Homero, tocar violino etc. Cada uma dessas atividades implica um tipo de exatidão. Garotos e garotas capazes passarão por um tédio interminável e se submeterão de boa vontade à disciplina severa com o propósito de adquirir alguma habilidade ou conhecimento cobiçado. Quem tem menos habilidade inata também pode se incendiar com ambições similares, desde que receba ensinamentos inspiradores. A força motriz da educação deve ser o desejo que o aluno tem de aprender, e não a autoridade do professor; mas disso não se deve concluir que a educação tenha de ser leve, fácil e prazerosa em todos os estágios. Isso se aplica, em particular, ao problema da exatidão. A aquisição do conhecimento exato pode ser fatigante, mas é essencial para todos os tipos de excelência, fato que alguns métodos adequados deixarão óbvio para a criança. Os métodos modernos são falhos na medida em que fracassam nesse objetivo. Nesse aspecto, bem como em muitos outros, a reação contra as formas antigas e ruins de disciplina ficou propensa a um afrouxamento indevido, que terá de ceder lugar a uma nova disciplina, mais interna e psicológica do que a velha autoridade externa. E a exatidão será a expressão intelectual dessa nova disciplina.

Há vários tipos de exatidão, e cada um tem sua importância. Para falar apenas dos principais: exatidão muscular, exatidão estética, exatidão aos fatos e exatidão lógica. Todo garoto ou garota sabe apreciar a importância da exatidão muscular de muitas formas; ela é necessária para o controle do corpo, o qual a criança saudável tenta adquirir na maior parte de seu tempo livre, e, mais tarde, para os esportes, dos quais dependerá o prestígio junto aos colegas. Mas essa exatidão tem outras formas mais ligadas ao ensino escolar, tais como o discurso bem articulado, a boa escrita e a correta execução de um instrumento musical. A criança pensará que essas coisas são importantes ou desimportantes de acordo com o ambiente. A exatidão estética é mais difícil de definir; ela tem a ver com a pertinência de um estímulo sensível para a produção de emoções. Um modo de ensinar uma das formas mais importantes dessa exatidão é obrigar as crianças a aprender poesia de cor – Shakespeare para representações teatrais, por exemplo – e fazê-las sentir, quando cometem erros, o motivo que faz o original ser melhor. Creio que deveríamos estabelecer, onde a exatidão estética estivesse difundida, que as crianças aprendem com performances estereotipadas convencionais, tais como danças e músicas, das quais elas gostam, mas que estas precisam ser perfeitamente executadas por causa da tradição. Isso faz com que as crianças fiquem sensíveis a pequenas diferenças, o que é essencial para a exatidão. Cantar, dançar e representar me parecem os melhores métodos para ensinar a precisão estética. Desenhar não é tão bom, porque o desenho provavelmente será julgado por sua fidelidade ao modelo, e não por padrões estéticos. É verdade que também se espera que as performances estereotipadas reproduzam um modelo, porém este é um modelo criado por motivos estéticos; é copiado por ser bom, e não porque copiar seja bom.

A exatidão aos fatos é intoleravelmente enfadonha quando tem um fim em si. Aprender as datas dos reis da Inglaterra ou os nomes dos países e suas capitais costumava ser um dos terrores de nossa infância. O melhor é garantir a exatidão por meio do interesse e da repetição. Jamais consegui me lembrar da lista de cabos e penínsulas, mas, aos 8 anos de idade, sabia recitar os nomes de quase todas as estações do metrô. Se as crianças vissem um filme cinematográfico representando um barco a navegar pela costa, elas rapidamente conheceriam todos os cabos. Não creio que valha a pena conhecê-los, mas, se valesse, esse seria um bom jeito de ensinar. Toda a geografia deveria ser ensinada no cinema; assim como, de início, a história. As despesas iniciais seriam grandes, mas não muito grandes para os governos. E haveria uma economia subsequente pela facilitação do ensino.

A exatidão lógica é uma aquisição tardia e não deve ser imposta às crianças. Saber a tabuada é, sem dúvida, uma exatidão aos fatos; ela só se tornará exatidão lógica em um estágio muito posterior. A matemática é o veículo natural para esse ensino, contudo ela fracassará se aparecer como um conjunto de regras arbitrárias. É preciso que as crianças aprendam as regras; mas, em algum momento, os motivos das regras têm de ser esclarecidos; se isso não ocorrer, a matemática terá pouco valor educativo.

Chego agora à questão que já surgiu no contexto da exatidão, a saber: o quanto é possível ou desejável tornar interessante toda a instrução? O ponto de vista antigo dizia que boa parte da instrução tinha de ser enfadonha e que apenas a autoridade severa faria o garoto mediano persistir. (A garota mediana deveria continuar ignorante.) O ponto de vista moderno diz que a instrução pode ser agradável, do começo ao fim. Tenho muito mais simpatia pelo ponto de vista moderno do que pelo antigo; ainda assim, creio que seja um tema sujeito a algumas limitações, especialmente na educação superior. Começarei com os aspectos que julgo verdadeiros.

Todos os escritores modernos que tratam da psicologia infantil sublinham a importância de não forçar a criança pequena a comer ou dormir; ela tem de fazer essas coisas espontaneamente, e não como resultado da adulação ou da força. Minha experiência pessoal confirma esse ensinamento. No início, nós não conhecíamos nenhum método novo e tentávamos os antigos. Estes não apresentavam o menor êxito, ao passo que os métodos modernos começaram a se provar perfeitamente exitosos. Não se deve supor, entretanto, que os pais modernos não fazem nada quanto ao comer e ao dormir; ao contrário, fazem todo o possível para promover a formação de bons hábitos. As refeições vêm em horários regulares e a criança deve se sentar à mesa, sem brinquedos, quer coma ou não. A hora de dormir também vem em horários regulares e a criança deve se deitar na cama. Ela pode ter um bichinho de pelúcia para abraçar, mas nada que produza sons, movimentos ou qualquer outra coisa que possa agitá-la. Se o bichinho for o predileto, é interessante fazer a brincadeira de que o animalzinho está cansado e a criança precisa colocá-lo para dormir. Então, basta deixá-la sozinha e o sono, em geral, virá muito rapidamente. Mas nunca deixe a criança pensar que você está ansioso para que ela durma ou coma. Isso fará com que ela pense que você está lhe pedindo um favor, o que lhe dará uma sensação de poder que a levará, por sua vez, a demandar cada vez mais adulações e castigos. A criança tem de comer e dormir porque quer, e não para te agradar.

Essa psicologia é obviamente aplicável, em grande medida, à instrução. Se você insistir na tarefa de ensinar uma criança, ela concluirá que você está lhe pedindo algo desagradável e fará uma resistência psicológica. Se isso acontecer desde o início, vai se perpetuar. Em uma idade mais avançada, a importância de passar nas provas poderá se tornar evidente e haverá algum avanço com esse propósito, mas nenhum com um interesse puro pelo conhecimento. Se, ao contrário, você estimular, antes de qualquer outra coisa, o desejo da criança em aprender e depois lhe der, como um favor, o conhecimento que ela quer, toda a situação será bem diferente. A disciplina externa requisitada será muito menor, e a atenção estará garantida sem maiores dificuldades. Para se obter êxito nesse método, são necessárias certas condições, as quais a Madame Montessori produz com sucesso entre as crianças muito pequenas. A tarefa tem de ser atrativa e não muito difícil. Deve haver, de início, o exemplo de outras crianças de um estágio um pouco mais avançado. E não pode haver nenhuma outra atividade prazerosa à disposição da criança no mesmo momento. As crianças podem fazer várias coisas e se entregar àquelas que preferirem. Quase todas as crianças ficam perfeitamente felizes nesse regime e aprendem a ler e a escrever, sem pressão, antes dos 5 anos de idade.

Até quando pode ser vantajosa a aplicação de métodos similares a crianças mais velhas é questão discutível. À medida que as crianças crescem, elas ficam mais suscetíveis a motivos menos imediatos, de modo que já não será necessário que cada detalhe seja interessante em si mesmo. Mas creio que, em todas as idades, deve permanecer o princípio geral de que o impulso à educação precisa advir do aluno. O ambiente deve ser tal que estimule esse impulso e faça do tédio e do isolamento as únicas alternativas ao aprendizado. No entanto toda criança que prefira essas alternativas deve ter permissão para escolhê--las, a qualquer momento. O princípio do trabalho individual pode se estender, embora certa porção de trabalho em grupo pareça indispensável depois dos primeiros anos de vida. Caso a autoridade externa se faça necessária para induzir o garoto ou a garota a aprender, o mais provável é que (à exceção dos casos médicos) a culpa seja do professor ou que a educação moral anterior tenha sido ruim. Se a criança foi bem educada até os 5 ou 6 anos de idade, todo e qualquer professor bom será capaz de despertar seu interesse pelos estudos nos estágios posteriores.

Se isso for possível, as vantagens serão imensas. O professor aparecerá como um amigo do aluno, e não como seu inimigo. A criança aprenderá mais rápido porque será cooperativa. Aprenderá com menos fadiga porque não haverá a interminável luta para trazer de volta sua atenção relutante e entediada. E seu senso de iniciativa pessoal, ao invés de tolhido, será cultivado. Por conta dessas vantagens, parece válido supor que se pode, sim, levar o aluno a aprender por força de seus próprios desejos, sem qualquer exercício de coação da parte do professor. Se, em uma pequena porcentagem de casos, os métodos falharem, esses casos podem ser isolados e tratados com métodos diferentes. Mas creio que, desde que se adapte o método à inteligência da criança, serão raríssimas as falhas.

Por razões já relacionadas à exatidão, não acredito que uma educação realmente completa possa se fazer interessante do começo ao fim. Por mais que alguém queira dominar um assunto, algumas partes dele serão, por certo, enfadonhas. Creio, contudo, que com uma boa orientação um garoto ou uma garota poderão sentir a importância de aprender as partes mais chatas e percorrê-las sem que se faça necessária a coação. Eu utilizaria o estímulo do elogio e da censura, aplicado conforme sejam bons ou ruins os desempenhos em uma série de tarefas. Se o aluno possui a habilidade necessária, ela deve ficar óbvia, tal como nos esportes e na ginástica. E o professor precisa deixar clara a importância das partes enfadonhas de um assunto. Se todos esses métodos falharem, a criança terá de ser classificada como estúpida e de receber os ensinamentos à parte das crianças de inteligência normal, embora com os cuidados necessários para que isso não pareça uma punição.

Exceto em casos muito raros, o professor, até mesmo nos primeiros anos de vida do aluno (ou seja, depois dos, digamos, 4 anos), não pode ser nem o pai, nem a mãe. Ensinar é trabalho que requer um tipo especial de habilidade, que pode ser aprendido, mas que a maioria dos pais não teve oportunidade de aprender. Quanto menor a idade do aluno, maior é a habilidade pedagógica necessária. E, além disso, os pais estiveram em contato constante com a criança antes do início da educação formal, de modo que ela já adquiriu uma série de hábitos e expectativas em relação aos pais que não são apropriados em relação ao professor. Mais que isso, é provável que os pais se mostrem ansiosos e interessados demais no progresso do filho. Ficarão extraordinariamente satisfeitos com sua esperteza e exasperados com sua estupidez. As razões para não serem os professores dos próprios filhos são as mesmas pelas quais um médico não deve tratar da própria família. Mas é claro que não quero dizer que os pais não devam dar instruções que surjam naturalmente; quero dizer apenas que, em regra, os pais não são os mais indicados para aprovar as lições escolares formais, nem mesmo quando são qualificados para ensinar os filhos dos outros.

Ao longo de todo o processo de educação, desde o primeiro dia até o último, deve existir uma sensação de aventura intelectual. O mundo está repleto de coisas intrigantes que podem ser compreendidas com algum esforço. A sensação de compreender o que antes parecia enigmático é prazerosa e emocionante; todo bom professor deve ser capaz de transmiti-la. Madame Montessori descreve o prazer de suas crianças quando descobrem que sabem escrever; eu me lembro de ter sentido algo quase intoxicante quando li, pela primeira vez, a dedução que Newton fez da Segunda Lei de Kepler a partir da lei da gravidade. Poucas alegrias são tão puras ou úteis quanto essas. A iniciativa e o trabalho individual dão ao aluno a oportunidade de descobrir e, assim, proporcionam uma sensação de aventura mental com muito mais frequência e intensidade do que quando tudo é ensinado dentro de uma sala de aula. Sempre que possível, deixe o estudante ser ativo, ao invés de passivo. Esse é um dos segredos para fazer da educação uma felicidade, e não um tormento.

15.
O currículo escolar antes dos 14 anos de idade

As questões sobre o que ensinar e como ensinar estão intimamente ligadas, porque, se inventarmos novos métodos de ensino, será possível aprender mais. Em especial, se os alunos quiserem aprender e deixarem de ver a tarefa como algo enfadonho, poderemos ensinar muito mais. Eu já disse algumas coisas a respeito dos métodos e direi mais em um capítulo adiante. Por enquanto, irei pressupor que os melhores métodos possíveis são exatamente os que vêm sendo empregados e também considerarei o que deve ser ensinado.

Quando refletimos a respeito do que um adulto deve saber, logo percebemos que há certas coisas que todos precisamos saber, além de outras que são necessárias apenas para alguns, embora não sejam para outros. Alguns devem dominar a medicina, mas, para a grande maioria da humanidade, é suficiente um conhecimento elementar sobre a fisiologia e a higiene. Alguns devem dominar a matemática avançada, mas meros rudimentos bastarão àqueles a quem a matemática é desagradável. Alguns devem dominar a técnica do trombone, mas, felizmente, não é necessário que toda criança pratique o instrumento. Em linhas gerais, as coisas que a escola ensina aos alunos com menos de 14 anos de idade devem estar entre aquelas que todos precisam saber; excluindo-se os casos excepcionais, a especialização só tem de chegar mais tarde. Um dos objetivos da educação antes dos 14 anos, porém, deve ser a descoberta de aptidões especiais dos garotos e garotas, para que possam ser cuidadosamente desenvolvidas nos anos posteriores. Por esse motivo, é bom que todos aprendam os primeiros rudimentos de matérias que, depois, não terão de ser estudadas por aqueles que não se saírem bem nelas.

Depois de decidirmos o que todo adulto tem de saber, precisamos definir a ordem pela qual essas matérias devem ser ensinadas; nesse ponto, podemos nos deixar guiar naturalmente pela dificuldade relativa, ensinando primeiro os conteúdos mais fáceis. Em grande medida, esses dois princípios determinam o currículo dos primeiros anos de escola.

Irei pressupor que, quando a criança tiver 5 anos de idade, já saberá ler e escrever. Essa deve ser a tarefa da escola Montessori, ou de qualquer outro aperfeiçoamento que dela possa surgir no futuro. A criança também já deverá ter adquirido um certo apuro na percepção sensorial, os rudimentos do desenho, do canto e da dança e o poder de se concentrar em alguma ocupação educacional no meio das outras crianças. É claro que, aos 5 anos, a criança não será perfeita nesses aspectos e precisará de maiores ensinamentos por mais alguns anos. Não creio que qualquer coisa que envolva um esforço mental severo deva ser imposta antes dos 7 anos, mas, com certas aptidões, será possível dirimir as dificuldades. A aritmética é um fantasma na infância – eu me lembro de chorar amargamente por não conseguir decorar a tabuada –, mas, se for conduzida de modo gradual e cuidadoso, como o é no uso dos objetos Montessori, não haverá motivos para a sensação de desespero que seus mistérios costumam inspirar. No entanto, no fim, se o aluno quiser adquirir tal facilidade, terá de dominar uma boa dose de regras maçantes. Essa é a matéria escolar mais difícil de encaixar em um currículo que se quer interessante; mesmo assim, um certo grau de proficiência se faz necessário, por motivos práticos. Além disso, a aritmética também serve de introdução natural à exatidão: o resultado de uma soma só pode estar certo ou errado, jamais poderá ser "interessante" ou "sugestivo". Isso faz com que a aritmética seja importante como elemento da primeira educação, independentemente de sua utilidade prática. Mas as dificuldades precisam ser cuidadosamente graduadas e espaçadas; e não se pode dedicar a elas muito tempo de esforço.

Quando eu era jovem, História e Geografia estavam entre as matérias mais mal ensinadas. Eu tinha medo das aulas de Geografia e, se tolerava as de História, era apenas porque sempre nutrira uma paixão pelo assunto. Contudo ambas as matérias podem ser fascinantes para as crianças pequenas. Meu filho, apesar de nunca ter assistido a uma aula de Geografia, já sabe muito mais do que a babá. Ele adquiriu tais conhecimentos por meio do amor aos trens e aos navios que compartilha com todos os garotos. Quer saber as viagens que seus navios imaginários vão fazer e ouve com a maior atenção enquanto lhe descrevo o itinerário da jornada até a China. Depois, quando ele quer, mostro imagens dos vários países existentes no caminho. Às vezes, ele insiste em pegar o imenso atlas para acompanhar a viagem no mapa. A viagem de trem entre Londres e Cornwall, que ele faz duas vezes por ano, lhe desperta um interesse apaixonado, e ele sabe todas as estações em que o trem para ou onde se desligam os vagões. O Polo Norte e o Polo Sul o fascinam e intrigam, porque não há Polo Leste ou Oeste. Ele sabe em que direções ficam a França, a Espanha e os Estados Unidos e conhece várias coisas que existem nesses países. Nada disso foi adquirido por intermédio da instrução, mas apenas em resposta a uma curiosidade ávida. Quase todas as crianças se interessam por geografia assim que a associam à ideia de viajar. Eu as ensinaria com imagens e histórias de viajantes, mas, sobretudo, com o cinema, mostrando o que o viajante observa na viagem. O conhecimento de dados geográficos é útil, mas não tem valor intelectual intrínseco; no entanto, quando a geografia fica vívida nas fotografias, ganha o mérito de alimentar a imaginação. É bom saber que há países quentes e países frios, países planos e países montanhosos, homens negros, amarelos, marrons e vermelhos, além dos brancos. Esse tipo de conhecimento atenua a tirania do ambiente familiar sobre a imaginação e possibilita, na vida adulta, *sentir* que os países distantes existem de verdade, o que é muito difícil de outra forma, a não ser viajando. Por essas razões, eu reservaria um amplo espaço para o ensino da Geografia às crianças bem novas e ficaria perplexo se elas não viessem a gostar do assunto. Um pouco mais tarde, eu lhes daria livros com imagens, mapas e informações básicas sobre as diferentes regiões do mundo e as faria escrever pequenos ensaios sobre as peculiaridades dos vários países.

O que se aplica à Geografia se aplica ainda mais intensamente à História, se bem que em uma idade um pouco mais avançada, porque a noção de tempo é, no início, bastante rudimentar. Penso que o ensino da História poderia muito bem começar por volta dos 5 anos, primeiro com relatos interessantes sobre a vida de homens eminentes, com muitas ilustrações.

Eu mesmo tinha, nessa idade, uma história ilustrada da Inglaterra. A rainha Matilde atravessando o Tâmisa sobre o gelo de Abingdon me causou uma impressão tão profunda que fiquei arrebatado quando fiz a mesma coisa aos 18 anos e quase senti que o rei Estêvão me seguia. Acredito que pouquíssimos garotos de 5 anos deixariam de se interessar pela vida de Alexandre, o Grande. Colombo talvez pertença mais à Geografia do que à História. Posso testemunhar que sua figura se torna interessante aos 2 anos de idade, pelo menos para as crianças que conhecem o mar. Quando a criança chega aos 6 anos, ela deve estar madura para um esboço da história do mundo, mais ou menos como aparece nas linhas do sr. Wells, com as simplificações necessárias, as imagens ou, se possível, o cinema. Se a criança morar em Londres, ela pode ver animais estranhos no Museu de História Natural; mas eu não a levaria ao Museu Britânico antes dos 10 anos de idade. No ensino da História, é preciso tomar cuidado para não impor à criança, antes que esteja madura, aspectos que são interessantes apenas para nós. Dois aspectos que interessam desde cedo são: o espetáculo geral do cortejo da humanidade, da geologia ao homem, do homem selvagem ao homem civilizado, e assim por diante; e a narração dramática de incidentes que tenham heróis cativantes. Mas penso que devemos ter em mente, como um fio condutor, a concepção de progresso gradual, perpetuamente ameaçado pela selvageria que herdamos dos brutos e que, ainda assim, nos guia passo a passo para o domínio de nós mesmos e do ambiente, por meio do conhecimento. A concepção é a da raça humana como um todo, lutando contra o caos externo e a escuridão interna, a pequenina luz da razão crescendo aos poucos, até se tornar uma imensa claridade que dissipa a noite. As divisões entre raças, nações e credos devem ser tratadas como loucuras que nos desviam da batalha contra o Caos e as Trevas, que é nossa única atividade verdadeiramente humana.

Eu daria, primeiro, apenas as ilustrações desse tema e só depois, talvez, o tema em si. Mostraria o homem selvagem tremendo de frio, roendo os frutos crus da terra. Mostraria a descoberta do fogo e seus efeitos; nessa conexão caberia a história de Prometeu. Mostraria os primórdios da agricultura no Vale do Nilo e a domesticação de carneiros, bois e cães. Mostraria o desenvolvimento das embarcações, desde as canoas até os maiores navios, e o crescimento das cidades, desde as colônias em cavernas até Londres e Nova York. Mostraria a evolução gradual da escrita e dos numerais. Mostraria o brilho fugaz da Grécia, a magnificência difusa de Roma, a escuridão que se seguiu e o advento da ciência. Tudo isso pode ser interessante em cada detalhe, até mesmo para crianças bem pequenas. Eu não guardaria silêncio a respeito de guerras, perseguições e crueldades, mas não dedicaria admiração aos conquistadores militares. No meu ensino da História, os verdadeiros conquistadores seriam aqueles que fizeram algo para dissipar a escuridão interna e externa – Buda e Sócrates, Arquimedes, Galileu e Newton, assim como todos os homens que ajudaram a nos propiciar o domínio sobre nós mesmos e sobre a natureza. E, assim, eu iria edificar a concepção de um destino nobremente esplêndido para a raça humana, o qual traímos quando retrocedemos às guerras e a outras loucuras atávicas, e que apenas honramos quando trazemos ao mundo algo que aumenta nosso domínio humano.

Nos primeiros anos de escola, deve haver um tempo dedicado à dança, que é um bem para o corpo e um treino para o senso estético, além de ser um grande prazer para as crianças. As danças coletivas têm de ser ensinadas logo após os primeiros elementos; é uma forma de cooperação que as crianças pequenas apreciam muito. Observações similares se aplicam ao canto, embora este deva começar um pouco depois da dança, porque não proporciona o mesmo deleite muscular e porque seus rudimentos são mais difíceis. A maioria das crianças, para não dizer todas, vai gostar de cantar e, depois das quadrinhas infantis, elas terão de aprender canções belas de verdade. Não há motivos para lhes corromper o gosto e, depois, tentar purificá-lo. Na melhor das hipóteses, isso criará pessoas afetadas. As crianças, assim como os adultos, são muito diferentes na capacidade musical, de modo que as lições musicais mais difíceis têm de ficar reservadas para uma seleção de crianças mais velhas. Entre estas, o canto deve ser voluntário, e não obrigatório.

O ensino da literatura é uma questão na qual fica fácil cometer erros. Não há nenhuma vantagem, nem para os mais novos, nem para os mais velhos, em ser bem informado *a respeito* de literatura, saber as datas dos poetas, os nomes de suas obras e assim por diante. Nada do que se possa encerrar em um manual terá valor. Valiosa é a grande familiaridade com certos exemplos de boa literatura – familiaridade esta que irá influenciar o estilo, não apenas na escrita, mas também no pensamento. Antigamente, a Bíblia supria as crianças inglesas com tudo isso, com um efeito sem dúvida benéfico sobre o estilo da prosa; mas poucas crianças de hoje conhecem a Bíblia de perto. Acredito que não se pode obter o efeito positivo da literatura sem aprender de cor. Essa prática era defendida como um treino para a memória, mas os psicólogos demonstraram que ela tem pouco ou quase nenhum efeito nesse sentido. Os educadores modernos lhe dão cada vez menos importância. Contudo creio que estejam equivocados, não por causa dos possíveis aperfeiçoamentos na memória, mas por conta do efeito sobre a beleza da linguagem no discurso e na escrita. Isso deve se dar sem esforço, como uma expressão espontânea do pensamento; mas, para tanto, em uma comunidade que perdeu os impulsos estéticos primitivos, é necessário produzir um hábito de pensamento que, creio eu, só poderá ser gerado pelo conhecimento íntimo da boa literatura. É por isso que aprender de cor me parece tão importante.

Mas o mero aprendizado de trechos, como "a natureza da graça" ou "o mundo é um palco", parece tedioso e artificial à maioria das crianças e, portanto, fracassa em seu propósito. É muito melhor que o aprender de cor se associe à representação teatral, porque então será necessário a algo que toda criança ama. A partir dos 3 anos de idade, as crianças se alegram ao representar um papel; elas o fazem espontaneamente, porém ficam ainda mais arrebatadas quando formas elaboradas de atuação se colocam em seu caminho. Ainda me lembro do requintado prazer com o qual atuei na cena da altercação entre Bruto e Cássio, declamando:

> Prefiro ser cachorro e uivar à lua,
> a ser romano de tão baixa marca.

As crianças que atuam nas representações teatrais de *Júlio César* ou *O mercador de Veneza*, ou em qualquer outra peça apropriada, não saberão apenas suas próprias falas, mas também a maioria dos outros papéis. A peça ficará em suas mentes por um bom tempo, e tudo isso com divertimento. Afinal, a boa literatura tem a intenção de dar prazer e, se as crianças não conseguirem sentir prazer com ela, dificilmente conseguirão obter algum benefício. Por esses motivos, eu limitaria o ensino da literatura, nos primeiros anos, ao aprendizado dos papéis dramáticos. O resto deve consistir na leitura voluntária de histórias bem escritas, acessíveis na biblioteca da escola. Hoje em dia, as pessoas escrevem coisas tolas e sentimentais para as crianças, o que as insulta, pois não as leva a sério. Em contraste com a seriedade intensa de *Robinson Crusoé*. A sentimentalidade, no trato com as crianças e em todas as outras coisas, consiste no fracasso da empatia dramática. Nenhuma criança gosta de ser criança; ela quer, assim que possível, aprender a se comportar como um adulto. Por isso, um livro para crianças jamais pode demonstrar um prazer paternalista pelas maneiras infantis. A ingenuidade artificial de muitos livros modernos para crianças é repugnante. Ou ela irrita a criança ou atrapalha e confunde seu impulso na direção do crescimento mental. Por essa razão, os melhores livros para crianças são os que servem a elas, embora tenham sido escritos para os adultos. As únicas exceções são os livros escritos para crianças, mas que também agradam aos adultos, como os de Lear e Lewis Carrol.

A questão das línguas modernas não é nada fácil. Na infância, é possível aprender uma língua moderna perfeitamente, o que jamais poderá ser alcançado nos anos posteriores; há, portanto, bons argumentos para ensinar idiomas desde cedo. Há quem tema que o conhecimento da própria língua sofra se outras forem estudadas cedo demais. Não acredito nisso. Tolstoi e Turgueniev eram bastante competentes no russo, apesar de terem aprendido inglês, francês e alemão na infância. Gibbon sabia escrever em francês tão bem quanto em inglês, mas isso não estragou seu estilo inglês. Ao longo do século XVIII, todos os aristocratas ingleses aprendiam francês desde muito cedo, como coisa natural, e muitos também estudavam italiano; mesmo assim, seu inglês era infinitamente melhor do que o de seus descendentes modernos. O interesse dramático de uma criança a impede de confundir uma língua com a outra, desde que a fale com pessoas diferentes. Aprendi alemão junto com o inglês e o falei com babás e governantas até os 10 anos de idade; depois, aprendi francês e o falei com governantas e tutores. Nenhuma das línguas jamais se confundiu com o inglês, porque tinham diferentes associações pessoais. Penso que, se for para ensinar uma língua moderna, ela deve ser ensinada por uma pessoa nativa, não apenas porque esta ensinará melhor, mas porque as crianças sentem menos artificialidade ao falar uma língua estrangeira com um estrangeiro do que com uma pessoa cuja língua nativa seja a mesma. Assim, creio que toda escola para crianças precisa ter uma professora de francês e, se possível, uma professora de alemão também, que não deverão instruir as crianças em sua língua, a não ser no início, mas, sim, brincar e conversar com elas, fazendo com que o sucesso da brincadeira dependa do entendimento e das respostas no idioma. Ela pode começar com *Frère Jacques* e *Sur le pont d'Avignon* e seguir para jogos cada vez mais complexos. Desse modo, seria possível adquirir a língua sem nenhum esforço mental e com todo o prazer do brincar. E, assim, pode ser aprendida com muito mais perfeição e menos desperdício do valioso tempo educacional do que em qualquer período subsequente.

O ensino da matemática e da ciência só pode começar perto do fim do período que estamos considerando neste capítulo – aos 12 anos, digamos. Presumo, é claro, que o aluno já tenha aprendido aritmética e assistido a muitas falas sobre astronomia e geologia, sobre animais pré-históricos, exploradores famosos e outros temas naturalmente interessantes. Mas agora estou pensando em ensino formal – geometria e álgebra, física e química. Uns poucos meninos e meninas gostam de geometria e álgebra, porém a maioria não. Duvido que isso se deva inteiramente às falhas dos métodos de ensino. O senso para a matemática, assim como a capacidade musical, é, antes de tudo, um dom dos deuses, o qual acredito muito raro, mesmo em graus moderados. Ainda assim, todo garoto e toda garota deveriam sentir o gosto da matemática, para descobrir se têm talento para tanto. Além disso, até mesmo quem aprende pouco se beneficia do conhecimento de tal matéria. E, com bons métodos, quase todos podem compreender os elementos da geometria. Já não posso dizer o mesmo da álgebra; ela é mais abstrata do que a geometria e essencialmente ininteligível àqueles cujas mentes são incapazes de se destacar do concreto. O gosto pela física ou pela química, desde que bem ensinadas, provavelmente seria menos raro do que o gosto pela matemática, embora ainda restrito a uma minoria de jovens. Entre os 12 e 14 anos, tanto a matemática quanto a ciência só devem ser estudadas até o ponto em que fique claro se o garoto ou a garota têm alguma aptidão para as matérias. É claro que isso não se faz evidente de imediato. No começo, eu odiava álgebra, apesar de, pouco depois, ter demonstrado certa facilidade no assunto. Em alguns casos, ainda será difícil saber se a criança de 14 anos tem a habilidade ou não. Nessas situações, o método de tentativas terá de continuar por mais um tempo. Mas, na maioria dos casos, já será possível tomar uma decisão aos 14 anos. Alguns jovens irão gostar definitivamente das matérias e se dar bem nelas; outros irão odiar e se dar mal. Será muito raro que um aluno esperto as odeie, ou que um aluno estúpido goste delas.

O que foi dito sobre matemática e ciência também se aplica aos clássicos. Aos jovens entre 12 e 14 anos, eu daria lições de latim na medida suficiente para demonstrar quais garotos e garotas têm amor e facilidade na matéria. Estou partindo do pressuposto de que, aos 14 anos, a educação precisa começar a ficar mais ou menos especializada, de acordo com os gostos e aptidões do aluno. Os últimos anos desse período devem se dedicar à descoberta do que será melhor ensinar nos anos subsequentes.

Ao longo de todos os anos escolares, deve prosseguir a educação das coisas ao ar livre. No caso das crianças abastadas, isso pode ficar a cargo dos pais, mas, com as outras crianças, esse ensino compete, pelo menos em parte, à escola. Quando falo de educação das coisas ao ar livre, não estou pensando em jogos esportivos. Estes, é claro, têm sua importância, a qual se reconhece suficientemente; no entanto estou pensando em algo diferente: o conhecimento dos processos agrícolas, a familiaridade com plantas e animais, a jardinagem, os hábitos de observação no campo e assim por diante. Fico atônito de ver como as pessoas que crescem nas cidades quase sempre desconhecem os pontos cardeais, nunca sabem qual é a trajetória do Sol, não conseguem dizer qual lado da casa recebe o vento e são, em geral, destituídos dos saberes que toda vaca e ovelha possuem. Esse é o resultado de viver exclusivamente nas cidades. Talvez me julguem muito fantasioso se eu disser que essa é uma das razões pelas quais o Partido Trabalhista não consegue vencer nas zonas rurais. Mas, com certeza, essa é a razão pela qual os citadinos são tão apartados de tudo o que seja primitivo e fundamental. Isso tem a ver com sua atitude um tanto trivial, superficial e frívola – não sempre, é claro, mas muito frequentemente. As estações do ano e o clima, a semeadura e a colheita, as plantações e os rebanhos, tudo isso tem uma importância humana e deve ser íntimo e familiar a todos, para que o divórcio com a mãe natureza não seja completo. As crianças podem adquirir todo esse conhecimento no curso de atividades que têm um imenso valor para a saúde e que mereceriam atenção, nem que fosse só por este motivo. E o prazer da criança da cidade no campo demonstra que ela está satisfazendo uma necessidade profunda. Enquanto essa necessidade não for satisfeita, nosso sistema educacional estará incompleto.

16.
Os últimos anos de escola

Depois das férias de verão de seu 15º ano de vida, presumo que o garoto ou a garota, caso o desejem, possam obter a permissão para se especializar e que isso se dê em uma grande proporção dos casos. Mas, quando não houver uma preferência definida, será melhor prolongar uma educação generalizante. E, em casos excepcionais, a especialização poderá começar ainda antes. Na educação, os motivos especiais devem ter força para quebrar todas as regras. Contudo creio que, como regra geral, os alunos de inteligência superior à média devem começar a se especializar por volta dos 14 anos, ao passo que os alunos de inteligência inferior à média não devem, normalmente, ter nenhum tipo de especialização na escola, exceto como um treino vocacional. Neste livro, estou evitando falar sobre esse assunto. Mas não acredito que o treino vocacional deva começar antes dos 14 anos e não penso que, nem mesmo nesse momento, possa tomar todo o tempo escolar de nenhum aluno. Não pretendo discutir quanto tempo deve tomar, nem se precisa se estender a todos os alunos ou só a alguns. Essas questões levantam problemas políticos e econômicos que se conectam à educação de modo apenas indireto e que não podem ser tratados com brevidade. Vou me limitar, portanto, à educação acadêmica depois dos 14 anos.

Eu faria três grandes divisões na escola: 1) clássicos; 2) matemática e ciências; 3) humanidades modernas. Esta última deve incluir línguas modernas, história e literatura. Em cada divisão, seria possível um pouco mais de especialização antes de o aluno deixar a escola, o que, suponho eu, não deva ocorrer antes dos 18 anos. Obviamente, todos os que optarem pelos clássicos deverão estudar tanto o grego quanto o latim, mas alguns poderão estudar mais grego e outros, mais latim. Matemática e ciências devem se apresentar juntas no início, mas é possível alcançar distinção em algumas ciências sem muita matemática e, na verdade, muitos dos homens eminentes da ciência foram péssimos matemáticos. Eu permitiria, portanto, que, aos 16 anos, o garoto ou a garota se especializasse em ciências ou matemática, contudo sem negligenciar por completo a opção descartada. Observações semelhantes se aplicam às humanidades modernas.

Certas matérias de grande importância utilitária seriam ensinadas a todos. Entre elas, eu incluiria a anatomia, a fisiologia e a higiene, até o ponto em que possam ser necessárias à vida adulta. Mas talvez essas matérias devam se apresentar em um estágio anterior, pois estão naturalmente conectadas à educação sexual, a qual precisa ocorrer, sempre que possível, antes da puberdade. Uma objeção para ensiná-las muito cedo é o fato de que elas não podem ser esquecidas quando se fizerem necessárias. Penso que a única solução seja ensinar tais assuntos duas vezes – a primeira como um esboço bem rudimentar e superficial, ainda na puberdade, e a segunda em conexão com um conhecimento elementar sobre a saúde e as doenças. Devo dizer que todo aluno tem de saber alguma coisa sobre o Parlamento e a Constituição, mas há que se tomar cuidado para que o ensino de tais temas não se degenere em propaganda política. Mais importante do que o currículo é a questão dos métodos de ensino e do espírito com o qual se dá o ensino. Quanto a isso, o maior problema é fazer com que a tarefa seja interessante, sem que se torne fácil demais. O estudo exato e minucioso precisa ter o complemento de livros e palestras acerca dos aspectos gerais dos temas estudados. Antes de encenar uma peça grega, por exemplo, eu faria os alunos lerem a tradução de Gilbert Murray ou de algum outro tradutor com talento poético. A matemática poderia se diversificar com uma palestra ocasional sobre a história das descobertas matemáticas ou sobre a influência deste ou daquele princípio matemático sobre a ciência e a vida prática, com sugestões acerca das coisas deliciosas que se encontram na matemática avançada. De modo similar, o estudo minucioso da História precisa ter o complemento de sínteses brilhantes, ainda que estas contenham generalizações questionáveis. Os estudantes têm de aprender que as generalizações são discutíveis e, assim, ser levados a enxergar seu conhecimento minucioso como fundamentos para confirmá-las ou refutá-las. Na ciência, é bom ler livros populares que deem uma noção geral da pesquisa recente, para que se tenha uma ideia de como fatos e leis particulares se enquadram no propósito científico geral. Todas essas coisas são úteis por servirem de incentivo ao estudo exato e pormenorizado, mas serão perniciosas se tratadas como substitutas dele. Não devemos encorajar os alunos a pensar que há atalhos para o conhecimento. Esse é um perigo real na educação moderna, por causa da reação contra o severo adestramento dos antigos. O trabalho mental envolvido no adestramento era bom; o ruim era a morte dos interesses intelectuais. Temos de tentar garantir o trabalho duro, porém por outros métodos que não os dos velhos disciplinadores. Não acho que seja impossível. Nos Estados Unidos, vemos estudantes que eram indolentes nos ciclos básicos (*undergraduates*) trabalharem duro nas faculdades de Direito e Medicina, porque aí encontram, enfim, o trabalho que consideram importante. Esta é a essência da questão: faça o trabalho escolar parecer importante e os alunos trabalharão duro. Mas, se você tornar o trabalho muito fácil, eles vão saber, quase que por instinto, que você não lhes está dando o que realmente vale a pena receber. Garotas e garotos espertos gostam de testar a mente com dificuldades. Com um bom ensino e a eliminação do medo, muitos garotos e garotas que pareciam estúpidos e letárgicos ficarão espertos.

Durante todo o processo de educação, a iniciativa deve partir do aluno, sempre que possível. Madame Montessori demonstrou como fazer isso com crianças muito pequenas, mas, com as mais velhas, são necessários outros métodos. Os educadores progressistas geralmente reconhecem, penso eu, que tem de haver muito mais trabalho individual e muito menos trabalho em grupo do que o de costume, embora o trabalho individual deva se realizar em uma sala cheia de outros garotos e garotas também ocupados. Bibliotecas e laboratórios devem ser espaçosos e adequados. Uma parte considerável do dia deve ser dedicada ao estudo voluntário autodirigido, mas o aluno teria de escrever um relatório sobre o que está estudando, com um resumo das informações adquiridas. Isso ajuda a fixar as coisas na memória, a fazer com que as leituras tenham um propósito (e não sejam desconexas) e a fornecer ao professor a quantidade de controle necessária em cada caso. Quanto mais esperto o aluno, menos necessário o controle. Para aqueles que não são muito espertos, será preciso dar uma boa dose de orientação; mas, mesmo nesse caso, isso deve se dar apenas por meio da sugestão, das perguntas e do estímulo, e não do comando. Também será preciso, no entanto, estabelecer temas, proporcionando uma prática na averiguação dos fatos a respeito de certo assunto e na sua apresentação ordenada.

Além do trabalho escolar normal, os garotos e garotas devem ser encorajados a se interessar por importantes controvérsias atuais, sejam políticas, sociais ou mesmo teológicas. Devem ser encorajados a ler todos os lados dessas questões controversas, e não apenas o lado ortodoxo. Se tiverem uma inclinação forte para um lado ou outro, precisam aprender a descobrir fatos que fundamentem sua opinião e, depois, devem debater com quem sustenta o ponto de vista contrário. Os debates, quando conduzidos com o intuito de chegar à verdade, podem ser muito valiosos. Neles, o professor tem de aprender a não tomar partido, mesmo que possua convicções fortes. Se quase todos os alunos se posicionarem de um lado, o professor deve se posicionar do outro, dizendo que o faz apenas para o bem da discussão. De outro modo, seu papel deve se restringir à correção dos erros relativos aos fatos. Dessa maneira, os alunos vão aprender que o debate é um meio para se alcançar a verdade, e não uma disputa pelo triunfo retórico.

Se eu fosse diretor de uma escola para garotas e garotos mais velhos, consideraria tão ruim fugir às questões atuais quanto propagandeá-las. É bom fazer os alunos sentirem que sua educação os está preparando para enfrentar questões que agitam o mundo; isso lhes dará a sensação de que o ensino acadêmico não está apartado do mundo de verdade. Mas eu tentaria não impor minhas próprias opiniões aos alunos. O que tentaria, sim, seria lhes colocar diante dos olhos o ideal de uma atitude científica em relação às questões práticas. E esperaria que eles produzissem argumentos que fossem argumentos, e fatos que fossem fatos. Na política, em especial, esse hábito é tão raro quanto valioso. Todo partido político veemente gera um casulo de mitos, dentro do qual sua mentalidade dorme em paz. A paixão quase sempre mata o intelecto; nos intelectuais, por outro lado, o intelecto muitas vezes mata a paixão. Meu objetivo seria evitar essas duas desgraças. O sentimento apaixonado é desejável, desde que não seja destrutivo; o intelecto também é desejável, sob a mesma condição. Eu desejaria que as paixões políticas fundamentais fossem construtivas e tentaria fazer o intelecto servir a essas paixões. Contudo ele deve servi-las genuína e objetivamente, e não apenas no mundo dos sonhos. Quando o mundo real não satisfaz o bastante, todos tendemos a buscar refúgio em um mundo imaginário, onde nossos desejos se realizam sem grandes esforços. Essa é a essência da histeria. Essa também é a fonte dos mitos nacionalistas, teológicos e classistas. E revela uma fraqueza de caráter que é quase universal no mundo de hoje. Combater essa fraqueza de caráter tem de ser um dos objetivos da educação escolar posterior. Existem dois modos de combatê-la, ambos necessários, ainda que, em certo sentido, opostos. O primeiro é aumentar nossa noção do que podemos alcançar no mundo real; o segundo é nos tornar mais sensíveis ao que a realidade pode fazer para dissipar nossos sonhos. Ambos constituem o princípio de viver objetivamente, ao invés de subjetivamente.

Sobre a educação

O exemplo clássico de subjetividade é Dom Quixote. Na primeira vez em que forjou um elmo, ele testou sua capacidade de resistir a golpes e viu que não prestava; na segunda vez, não testou e apenas "concebeu" que se tratava de um elmo muito bom. Esse hábito de "conceber" dominou sua vida. Mas cada recusa a encarar fatos desagradáveis tem essa mesma natureza: todos somos mais ou menos Dom Quixote. Ele não teria feito o que fez se, na escola, tivesse aprendido a fazer um elmo bom de verdade e se estivesse cercado por companheiros que se recusassem a "conceber" todas as coisas nas quais ele queria acreditar. O hábito de viver na fantasia é normal e correto na primeira infância, porque as crianças pequenas têm uma impotência que não é patológica. Todavia, à medida que a vida adulta se aproxima, deve haver uma percepção cada vez mais vívida de que os sonhos só são válidos quando podem, mais cedo ou mais tarde, virar realidade. Os garotos são admiráveis por corrigir as pretensões meramente pessoais dos outros garotos; em uma escola, é difícil acalentar ilusões de poder sobre os colegas. Mas a capacidade de criar mitos permanece ativa em outras direções, muitas vezes com a cooperação dos professores. A nossa escola é a melhor do mundo; o nosso país está sempre certo e sempre sai vitorioso; nossa classe social (no caso dos ricos) é a melhor de todas. São todos mitos indesejáveis. Eles nos levam a conceber que temos um bom elmo, quando, na verdade, qualquer espada pode rachá-lo em dois. Dessa maneira, eles promovem a preguiça e conduzem, finalmente, ao desastre.

Para curar esse hábito da mente, é necessário, assim como em muitos outros casos, trocar o medo pela previsão racional da desgraça. O medo faz com que as pessoas teimem em não encarar os perigos de verdade. Se alguém acossado pela subjetividade acorda no meio da noite com um grito de "fogo!", pode decidir que o incêndio esteja na casa do vizinho, pois a verdade seria apavorante demais; e pode, por isso, perder a chance de escapar enquanto ainda for possível. É claro que isso só ocorreria em um caso patológico; mas, na política, comportamentos análogos a este são normais. O medo, como sentimento, é desastroso em todos os casos em que só o pensamento pode descobrir qual é a decisão correta; queremos, portanto, ser capazes de prever as possibilidades do mal sem sentir medo e de usar nossa inteligência com o propósito de evitar o que não for inevitável. Os males que são realmente inevitáveis têm de ser encarados com coragem absoluta; mas não é disso que estou falando.

Não quero repetir o que já disse a respeito do medo em um capítulo anterior; ocupo-me dele agora apenas na esfera intelectual, como um obstáculo para o pensamento verdadeiro. Nessa esfera, é muito mais fácil superá-lo na juventude do que na vida adulta, porque é bem menos provável que uma mudança de opinião venha a trazer desgraças para um garoto ou garota do que para um adulto, cuja vida se construiu sobre certos postulados. Por essa razão, eu encorajaria o hábito da controvérsia inteligente entre as garotas e garotos mais velhos e não lhes colocaria obstáculos, mesmo se eles questionassem as coisas que considero como verdades importantes. Eu faria do meu objetivo o ensino do pensar, e não da ortodoxia, nem mesmo da heterodoxia. E jamais sacrificaria o intelecto aos supostos interesses morais. Aceita-se, geralmente, que o ensino da virtude demande o inculcamento da falsidade. Na política, dissimulamos os vícios de eminentes estadistas de nosso partido. Na teologia, dissimulamos os pecados do papa se somos católicos e os pecados de Lutero e Calvino se somos protestantes. Em matéria de sexo, fingimos, diante dos jovens, que a virtude é muito mais comum do que realmente é. Em todos os países, nem mesmo os adultos têm permissão para conhecer certos fatos que a polícia considera indesejáveis e, na Inglaterra, o censor proíbe peças verdadeiras à vida, pois julga que o público só pode ser conduzido à virtude por meio do engano. Toda essa atitude indica certa fraqueza. Deixem-nos conhecer a verdade, qualquer que ela seja, para que possamos agir racionalmente. Os detentores do poder querem esconder de seus escravos a verdade, para que estes se confundam quanto a seus próprios interesses; isso é até inteligível. Bem menos inteligível é que as democracias façam, voluntariamente, leis para prevenir que elas próprias conheçam a verdade. Trata-se de um quixotismo coletivo: as democracias decidem não ouvir que o elmo não é tão bom quanto elas gostariam de acreditar. Tal atitude de pânico abjeto é indigna de homens e mulheres livres. Na minha escola, não existirá nenhum obstáculo ao conhecimento, de nenhum tipo ou natureza. Buscarei a virtude por intermédio da educação correta dos instintos e paixões, não por meio da mentira e do engano. Na virtude que desejo, a busca do conhecimento, sem medo e sem limitação, é um elemento essencial, em cuja ausência nada mais tem valor.

O que estou dizendo é apenas isto: que eu cultivaria o espírito científico. Muitos cientistas eminentes não têm esse espírito fora de seu território especial; mas eu procuraria torná-lo onipresente. O espírito científico exige, em primeiro lugar, um desejo de descobrir a verdade; quanto mais ardente esse desejo, melhor. Esse espírito envolve, além disso, certas qualidades intelectuais. Deve haver uma incerteza preliminar e a subsequente decisão, de acordo com a evidência. Não devemos imaginar de antemão que já sabemos aquilo que a evidência irá provar. Nem podemos nos contentar com um ceticismo preguiçoso, que julga inatingível a verdade objetiva e inconclusivas todas as evidências. Precisamos admitir que até mesmo nossas crenças mais bem fundamentadas precisam, provavelmente, de algumas correções e que a verdade, na medida em que possa ser alcançada pelos homens, é uma questão de grau. Nossas crenças na física são, por certo, menos falsas agora do que eram antes de Galileu. Nossas crenças quanto à psicologia infantil estão, sem dúvida, mais perto da verdade do que estavam as do Dr. Arnold. Em cada caso, o avanço se deu substituindo paixões e preconceitos por observação. É por causa desse passo que a incerteza preliminar se faz tão importante. É preciso, portanto, ensiná-la e também ensinar a habilidade necessária para organizar as evidências. Em um mundo onde propagandistas rivais estão sempre lançando falsidades sobre nós, para nos envenenar com pílulas ou envenenar uns aos outros com gases venenosos, esse hábito crítico da mente tem a maior importância. A solícita credulidade diante de asserções repetidas é uma das maldições do mundo moderno, e as escolas deveriam fazer o que podem para se proteger disso.

Ao longo de todos os anos escolares, deve existir um senso de aventura intelectual. Os alunos precisam ter a oportunidade de descobrir coisas empolgantes por si mesmos depois de cumpridas as tarefas, e, por isso, as tarefas não podem ser muito pesadas. Tem de haver elogios sempre que merecidos e, embora seja necessário apontar os erros, é importante fazê-lo sem censura. Os alunos nunca podem se sentir envergonhados por sua estupidez.

Na educação, o grande estímulo é sentir que a conquista é possível. O conhecimento que se sente como tedioso tem pouca utilidade, mas o conhecimento assimilado com avidez se torna uma posse permanente. Permita que a relação do conhecimento com a vida real seja bem visível aos olhos de seus alunos e faça-os compreender como o mundo pode ser transformado pelo conhecimento. Deixe que o professor sempre apareça como um aliado do aluno, e não como seu inimigo natural. Com uma boa educação nos primeiros anos, esses preceitos serão suficientes para tornar a aquisição do conhecimento um grande prazer para a maioria dos garotos e garotas.

17.
Externatos e internatos

Saber se a criança deve ser mandada para um internato ou externato é, a meu ver, uma questão a se decidir caso a caso, de acordo com as circunstâncias e o temperamento. Cada sistema tem suas vantagens; em alguns casos, as vantagens de um sistema são maiores, em outros casos, as vantagens do outro. Neste capítulo, pretendo estabelecer o tipo de argumento que pesou na minha escolha quanto aos meus filhos e que provavelmente, imagino eu, também pesaria para outros pais conscienciosos.

Há, em primeiro lugar, as considerações a respeito da saúde. Qualquer que seja a verdade sobre as escolas atuais, está claro que elas são capazes de ser mais cientificamente cuidadosas nesse aspecto do que a maioria das casas, pois podem empregar médicos, dentistas e enfermeiras com os conhecimentos mais recentes, ao passo que pais ocupados têm, comparativamente, menos informações sobre medicina. Além disso, as escolas podem se localizar em bairros saudáveis. No caso das pessoas que vivem em grandes cidades, esse argumento sozinho já é muito poderoso em favor dos internatos. Para o jovem, será muito melhor, obviamente, passar a maior parte da vida no campo, então, se seus pais têm de morar na cidade, é desejável que mandem seus filhos estudar em uma escola no campo. Esse argumento talvez deixe de ter valor dentro de algum tempo: a salubridade de Londres, por exemplo, está melhorando e pode chegar aos padrões do campo por meio do uso artificial da luz ultravioleta. Ainda assim, mesmo que as doenças se tornem tão raras quanto no campo, a cidade continuará apresentando uma considerável tensão nervosa. O ruído constante é ruim para as crianças e também para os adultos; a vista do campo, o cheiro de terra úmida, o vento e as estrelas devem estar na memória de cada homem e cada mulher. Creio, portanto, que a vida no campo durante a maior parte do ano continuará sendo de grande valor para os jovens, quaisquer que sejam as melhorias na salubridade urbana.

Outro argumento, embora menos forte, a favor dos internatos é que essas escolas poupam o tempo que se desperdiçaria com o ir e vir. A maioria das pessoas não tem uma escola muito boa por perto, e a distância a percorrer é, muitas vezes, considerável. Esse argumento tem mais força no campo, enquanto o anterior era mais forte para os habitantes das cidades.

Quando se deseja trazer alguma inovação para os métodos educacionais, é quase inevitável que a tentativa ocorra, primeiro, em um internato, porque é improvável que os pais que acreditam na inovação morem todos em uma mesma região. Isso não se aplica às crianças pequenas, porque elas ainda não se colocam inteiramente nas mãos das autoridades educacionais; por consequência, Madame Montessori e a srta. McMillan só conseguiram testar seus experimentos com as crianças muito pobres. Dentro dos anos escolares oficiais, ao contrário, apenas os ricos têm permissão para testar experimentos na educação dos filhos. A maioria prefere, naturalmente, o que é antigo e convencional; os poucos que desejam qualquer outra coisa se encontram geograficamente espalhados e em número insuficiente para formar um externato. Experiências tais como as de Bedales só são possíveis em internatos.

Os argumentos a favor do outro lado, no entanto, são muito fortes. Muitos aspectos da vida não aparecem em uma escola; ela é um mundo artificial, cujos problemas não são os do mundo real. O garoto que só vai para casa nos feriados, quando todos o recebem com rebuliço, adquire muito menos conhecimento da vida do que um garoto que está em casa todas as manhãs e todas as noites. Hoje em dia, isso é menos verdadeiro para as garotas, porque se espera mais delas em quase todos os lares; mas, à medida que a sua educação se assemelhar com a dos meninos, sua vida familiar também ficará semelhante e o maior conhecimento que hoje as meninas têm das coisas domésticas irá desaparecer. Depois dos 15 ou 16 anos, convém que os garotos e as garotas compartilhem um pouco das ocupações e ansiedades parentais – não muito, pois isso, é verdade, iria interferir na educação, mas, um pouco, sim, para que os jovens não deixem de perceber que os adultos têm sua própria vida, seus próprios interesses e sua própria importância. Na escola, só os jovens é que são levados em conta e tudo é feito para eles. Nas férias, a atmosfera de casa fica pronta para ser dominada pelos jovens. Por consequência, eles tendem a se tornar arrogantes e insensíveis, ignorantes dos problemas da vida adulta e afastados dos pais.

Esse estado de coisas pode ter efeitos negativos sobre as afeições dos jovens. O afeto que têm pelos pais fica atrofiado e eles nunca precisam aprender a se ajustar a pessoas cujos gostos e anseios sejam diferentes dos seus. Penso que isso tende a uma certa completude egoísta, a um sentimento de que a personalidade própria constitui algo exclusivo. A família é o corretivo mais natural para essa tendência, pois se trata de uma unidade composta por pessoas de diferentes idades e sexos, com diferentes funções a cumprir; ela é orgânica, o que não acontece com uma coleção de indivíduos homogêneos. Os pais amam os filhos, em grande medida, porque eles lhes dão bastante trabalho; se os pais não dedicassem trabalho aos filhos, estes não os levariam a sério. Mas o trabalho que dedicam precisa ser legítimo; precisa ser apenas o necessário para que continuem tendo funções e vida própria. Respeitar os direitos dos outros é uma das coisas que os jovens têm de aprender e que aprendem mais facilmente dentro da família do que em qualquer outro lugar. É bom que garotos e garotas saibam que o pai pode estar incomodado com outras preocupações e a mãe esgotada por uma multiplicidade de detalhes. E é bom que o afeto filial continue vivo durante a adolescência. Um mundo sem afeição familiar tende a ser árido e mecânico, composto por indivíduos que tentam dominar, mas que se tornam servis quando fracassam. Temo que esses efeitos negativos se produzam, até certo ponto, ao enviarmos as crianças para os internatos e julgo que são suficientemente sérios para contrabalançar grandes vantagens.

 É verdade que, como insistem os psicólogos modernos, a influência excessiva do pai ou da mãe constitui uma coisa muito prejudicial. Mas não creio que possa existir nos casos em que a criança tenha ido para a escola desde os 2 ou 3 anos, como sugeri ser o ideal. A meu ver, o externato proporciona à criança que o frequenta desde os primeiros anos a justa medida entre a dominação parental e a insignificância parental. No que concerne ao conjunto de considerações com o qual estivemos ocupados até aqui, parece claro que esse é o melhor caminho a seguir, desde que o lar seja bom.

No caso dos garotos sensíveis, há um certo risco em deixá-los na companhia exclusiva de outros garotos. Por volta dos 12 anos, os garotos atravessam, em sua maioria, um estágio bastante bárbaro e insensível. Recentemente, em uma importante *public school*, um garoto sofreu graves lesões corporais devido ao fato de ter simpatias pelo Partido Trabalhista. Os garotos que diferem da média por seus gostos e opiniões estão sujeitos a sofrimentos sérios. Até mesmo nos internatos mais modernos e progressistas, os pró-bôeres passaram maus bocados durante a Guerra dos Bôeres. Todo menino que gosta de ler, ou que pelo menos não desgoste da tarefa, quase que certamente será maltratado. Na França, os rapazes mais espertos vão para a *École Normale Supérieure* e não se misturam mais com os medianos. Seguramente, esse plano tem suas vantagens. Impede que os intelectuais percam os nervos e se tornem sicofantas dos filisteus, como tanto acontece neste país. Evita a tensão e o sofrimento que o garoto impopular sempre sofre. Possibilita que os garotos espertos tenham o aprendizado que lhes convém, o qual se dá em um ritmo muito mais rápido do que seria possível aos menos inteligentes. Por outro lado, o plano isola os intelectuais do resto da comunidade na vida adulta e os torna, talvez, menos capazes de compreender o homem comum. Apesar dessa possível desvantagem, penso que, no geral, o método é melhor do que a prática, tão disseminada entre as classes abastadas inglesas, de torturar todos os garotos que tenham cérebro excepcional ou excepcionais qualidades morais, a menos que sejam bons também nos esportes.

A selvageria dos garotos, porém, não é incurável e hoje está, na verdade, bem mais atenuada. *Tom Brown's School Days* pinta uma realidade tão negra que seria exagerado pensar que ainda se aplica às *public schools* de nossos dias. E seria ainda menos aplicável às crianças que tiveram o tipo de primeira educação que examinamos nos capítulos anteriores. Penso também que a coeducação – possível em um internato, como Bedales demonstra – pode ter um efeito civilizador sobre os meninos. Tenho certo receio em admitir diferenças inatas entre os sexos, mas acho que as garotas são menos propensas do que os garotos a punir as esquisitices com crueldades físicas severas. E, no entanto, existem nos dias de hoje poucos internatos para onde eu arriscaria mandar um garoto que estivesse acima da média em inteligência, moral ou sensibilidade ou que não fosse conservador na política e ortodoxo na teologia. Estou convencido de que o atual sistema das *public schools* é ruim para tais garotos. E é entre tais garotos que se incluem quase todos os que possuem algum mérito excepcional.

Das considerações acima, a favor ou contra os internatos, apenas duas são essenciais e inalteráveis, e elas estão em lados opostos. De um lado, o benefício do ar, do espaço e do campo; do outro, o afeto da família e a educação derivada do conhecimento das responsabilidades familiares. No caso dos pais que moram no campo, há um argumento diferente a favor dos internatos, a saber, a improbabilidade de existir um externato realmente bom nas redondezas. Em vista dessas considerações conflitantes, não creio que seja possível chegar a uma conclusão geral. Quando as crianças são fortes e vigorosas, as considerações sobre a saúde não precisam ser levadas muito a sério e, assim, anula-se um argumento a favor dos internatos. Quando elas são muito afeitas aos pais, o que se invalida é um argumento a favor dos externatos, pois as férias serão suficientes para manter vivo o afeto familiar e o período de aulas evitará que ele seja excessivo. É melhor que uma criança sensível e de habilidade excepcional não vá para o internato e, nos casos extremos, que não frequente escola nenhuma. É claro que uma escola boa é melhor do que um lar ruim e que um lar bom é melhor do que uma escola ruim. Mas, quando ambos são bons, cada caso precisa ser decidido por seus méritos próprios.

Até aqui, escrevi desde o ponto dos pais abastados, para quem é possível a escolha individual. Quando se considera o assunto politicamente, desde o ponto de vista da comunidade, outras considerações vêm à tona. Temos, por um lado, as despesas com os internatos e, por outro, a simplificação dos problemas domésticos com as crianças longe de casa. Defendo vivamente que, à exceção de alguns casos muito raros, todos devem ter uma educação escolar até os 18 anos e que a educação exclusivamente vocacional só deve começar depois dessa idade. Ainda que muito se possa argumentar de ambos os lados de nosso tema, o aspecto financeiro decidirá, ainda por um bom tempo, a questão a favor dos externatos para os filhos e filhas da maioria dos assalariados. Como não há argumentos nítidos para pensar que seja uma decisão equivocada, podemos aceitá-la, apesar do fato de não ser baseada em fatores educacionais.

18.
A universidade

Nos capítulos anteriores, consideramos a educação do caráter e do conhecimento que, em um bom sistema social, deveria se oferecer a todos e ser, de fato, usufruída por todos, exceto por razões muito especiais, tais como a genialidade musical. (Teria sido um desastre se houvessem obrigado Mozart a aprender matérias escolares ordinárias até os 18 anos). Mas até mesmo em uma comunidade ideal haveria, penso eu, muitas pessoas que não deveriam ir para a universidade. Estou convencido de que, atualmente, apenas uma minoria da população pode se beneficiar com uma educação acadêmica prolongada até os 21 ou 22 anos de idade. Por certo, os ricos ociosos que, hoje em dia, infestam as universidades mais antigas não auferem delas nenhum proveito, apenas contraem alguns hábitos de dissipação. Por conseguinte, temos de perguntar por qual princípio precisamos selecionar os que devem ir para a universidade. Nos dias de hoje, eles são, em geral, aqueles cujos pais conseguem bancar seus estudos, embora esse princípio de seleção esteja se transformando por meio do sistema de bolsas. Obviamente, o princípio de seleção tem de ser educacional, e não financeiro. Os rapazes e as moças de 18 anos que receberam uma boa educação escolar estão aptos a fazer trabalhos úteis. Se eles ou elas forem dispensados do trabalho por um período de mais três ou quatro anos, a comunidade tem o direito de esperar que esse tempo seja empregado de maneira proveitosa. Mas, antes de decidirmos quem deve ir para a universidade, precisamos ter alguma ideia a respeito da função da universidade na vida da comunidade.

As universidades britânicas passaram por três estágios, apesar de o terceiro ainda não ter substituído inteiramente o segundo. No início, elas eram *colleges* para a formação do clero, ao qual se restringia quase todo aprendizado na Idade Média. Depois, com o Renascimento, ganhou força a ideia de que todas as pessoas de posses deveriam ser educadas, mesmo que as mulheres precisassem de menos educação do que os homens. A "educação do *gentleman*" foi ensinada nas universidades ao longo dos séculos XVII, XVIII e XIX e ainda hoje é ministrada em Oxford. Por motivos que examinamos no Capítulo 1, esse ideal, que antigamente era bastante útil, hoje se apresenta como antiquado; ele depende da aristocracia e não pode florescer nem em uma democracia, nem em uma plutocracia industrial. Se for para existir uma aristocracia, é melhor que ela seja composta por *gentlemen* educados; mas melhor ainda é que não exista nenhuma aristocracia. Não preciso discutir essa questão, uma vez que, na Inglaterra, o problema já foi resolvido pela Reform Bill [Lei da Reforma] e pela revogação das Corn Laws [Leis dos Grãos], e, nos Estados Unidos, pela Guerra de Independência. É verdade que ainda temos, na Inglaterra, uma forma de aristocracia, mas o espírito é o da plutocracia, que é uma coisa bem diferente. O esnobismo faz que homens de negócios bem-sucedidos mandem seus filhos para Oxford, para que se transformem em *"gentlemen"*, contudo o resultado é que eles aprendem um desgosto pelos negócios, o que reduz seus filhos a uma pobreza comparativa e à necessidade de ganhar a vida. Assim, a "educação do *gentleman*" deixou de ser parte importante da vida da nação e, ao considerarmos o futuro, podemos ignorá-la.

As universidades estão, portanto, retrocedendo a uma posição mais análoga à que ocuparam na Idade Média; elas estão se tornando escolas para a formação de profissionais liberais. Advogados, clérigos e médicos sempre tiveram uma educação universitária, assim como o primeiro escalão dos funcionários públicos. Um número crescente de engenheiros e técnicos especializados em vários ramos são homens de universidade. À medida que o mundo fica mais complicado e a indústria se torna mais científica, faz-se necessário um número cada vez maior de especialistas e, em geral, são as universidades que os fornecem. Os antiquados lamentam a intrusão de escolas técnicas nos domínios da erudição pura, mas, não obstante, o processo continua, porque assim o demandam plutocratas que não ligam a mínima para a "cultura". São eles, muito mais do que a democracia insurgente, os inimigos da erudição pura. O ensino "inútil", como o da "arte pela arte", é um ideal aristocrático, e não plutocrático; ele só sobrevive onde a tradição do Renascimento ainda não morreu. Lamento profundamente o declínio desse ideal; a erudição pura era uma das melhores coisas da aristocracia. Todavia os males da aristocracia eram tão grandes que contrabalançavam esse mérito. De qualquer forma, o industrialismo vai matar a aristocracia, queiramos ou não. Logo, talvez devamos tomar a decisão de salvar o que pudermos, ligando tais coisas a concepções mais novas e potentes; enquanto nos apegarmos à mera tradição, estaremos lutando uma batalha perdida.

Se a erudição pura quiser sobreviver como um dos propósitos das universidades, ela terá de estabelecer uma relação com a vida da comunidade como um todo, e não apenas com os deleites refinados de uns poucos *gentlemen* que vivem de rendas. Julgo que o ensino desinteressado tem grande importância e gostaria de ver seu lugar na vida acadêmica crescer, e não diminuir. O principal fator para sua diminuição, tanto na Inglaterra quanto nos Estados Unidos, tem sido o desejo de obter doações de milionários ignorantes. A cura está na criação de uma democracia educada, disposta a gastar dinheiro público em objetos que nossos capitães de indústria são incapazes de apreciar. Isso não é, de forma alguma, impossível, mas exige uma elevação geral do nível intelectual. A tarefa ficaria bem mais fácil se nossos homens eruditos se emancipassem, com maior frequência, da condição de parasitas dos ricos, condição esta que herdaram de um tempo em que os patronos eram sua fonte natural de subsistência. É possível, por certo, confundir o saber com o homem que sabe. Tomemos um exemplo puramente imaginário: um homem que sabe pode melhorar sua condição financeira ensinando fermentação, em vez de química orgânica; ele ganha, mas o saber perde. Se o homem que sabe tivesse um amor mais genuíno pelo saber, ele não estaria politicamente ao lado do cervejeiro que fez a doação para uma cátedra de fermentação. E se ele estivesse ao lado da democracia, esta ficaria mais propensa a enxergar o valor de seu saber. Por todos esses motivos, eu gostaria de ver as instituições do saber dependendo do dinheiro público, e não da beneficência dos ricos. Esse mal é mais grave nos Estados Unidos do que na Inglaterra, mas existe neste país e ainda pode crescer.

Deixando de lado as considerações políticas, presumo que as universidades existam com dois propósitos: por um lado, formar homens e mulheres para certas profissões; por outro, buscar o aprendizado e a pesquisa sem preocupação com sua utilidade imediata. Queremos, por conseguinte, ver nas universidades aqueles que vão exercer as profissões e aqueles que possuem o tipo especial de habilidade que os tornará valiosos para o aprendizado e a pesquisa. Mas isso não resolve, por si só, o problema de como devemos selecionar homens e mulheres para as profissões.

Atualmente, é muito difícil entrar em uma carreira como Direito ou Medicina, a menos que os pais tenham uma boa soma de dinheiro, pois os cursos são caros e os ganhos não vêm logo no início. Por consequência, o princípio de seleção é social e hereditário, não tem nada a ver com a aptidão para o trabalho. Tomemos a Medicina como exemplo. Uma comunidade que desejasse contar com um serviço médico eficiente selecionaria para a formação médica os jovens que demonstrassem mais aptidão e entusiasmo para o trabalho. Nos dias de hoje, esse princípio se aplica apenas em parte, selecionando somente entre aqueles que podem bancar a formação; mas é bem provável que muitos dos que dariam os melhores médicos sejam pobres demais para ingressar no curso. Isso implica um deplorável desperdício de talentos. Tomemos agora um outro exemplo, de natureza um tanto diferente. A Inglaterra é um país densamente povoado que importa boa parte dos alimentos que consome. Por uma série de motivos, mas especialmente por causa da segurança em tempos de guerra, seria uma dádiva se pudéssemos produzir uma proporção maior dos nossos alimentos aqui mesmo. Ainda assim, não se toma nenhuma medida para verificar se nossa limitada área territorial vem sendo cultivada com eficiência. A seleção dos agricultores se dá, sobretudo, pela hereditariedade; em regra, eles são filhos de agricultores. Uns poucos são homens que compraram terras, o que implica algum capital, mas não necessariamente uma habilidade agrícola. Sabe-se muito bem que os métodos dinamarqueses de agricultura são mais produtivos do que os nossos, porém nada se faz para ensiná-los aos nossos agricultores. Temos de insistir para que toda pessoa que possa cultivar um pouco mais do que uma pequena propriedade tenha um diploma de agricultura científica, da mesma forma como insistimos para que um motorista tenha habilitação para dirigir. O princípio hereditário foi abandonado no governo, mas permanece em outros departamentos da vida. E, onde quer que exista, ele promove a ineficiência que antigamente caracterizava também a administração pública. Devemos substituir tal princípio por duas regras correlatas: primeira, ninguém pode ter permissão para empreender um trabalho importante sem que tenha adquirido as habilidades necessárias; segunda, essas habilidades precisam ser ensinadas aos que se provarem mais aptos entre aqueles que a as desejarem, de forma independente das condições financeiras dos pais. É óbvio que essas duas regras aumentariam enormemente a eficiência.

A educação universitária precisa ser vista, portanto, como um privilégio dos mais aptos, e os que possuem a aptidão, mas não o dinheiro, devem ter o curso bancado pelas contas públicas. As universidades não podem admitir ninguém que não tenha passado em testes de habilidade e não podem deixar que alguém continue nos cursos sem provar às autoridades que está se beneficiando de seu tempo de estudo. A ideia da universidade como um lugar de lazer, onde os jovens ricos vagabundeiam por três ou quatro anos, está morrendo, mas, assim como Carlos II, ainda vai demorar um tempo inconcebível para morrer.

Quando digo que um jovem não pode ter permissão para vagabundear na universidade, preciso acrescentar que as provas não têm de consistir em uma conformidade mecânica com o sistema. Nas novas universidades da Inglaterra, há uma lamentável tendência para exigir assiduidade em inúmeras palestras. Os argumentos a favor do trabalho individual, que têm força no caso das crianças em uma escola Montessori, são muito mais fortes no caso dos jovens de 20 anos, particularmente quando são argutos e dotados de capacidade excepcional. Quando eu estava no ciclo básico da universidade, meu sentimento (e o da maioria dos meus colegas) dizia que as palestras eram pura perda de tempo. Sem dúvida, exagerávamos, mas não muito. O verdadeiro motivo para as palestras era apresentá-las como trabalho palpável, de modo que os homens de negócios se dispunham a pagar por elas. Se os professores universitários adotassem os melhores métodos, os homens de negócios poderiam pensar que eram todos uns preguiçosos e cortar o corpo docente. Oxford e Cambridge, por conta de seu prestígio, conseguem, em certa medida, aplicar os métodos certos; mas as universidades mais novas não são capazes de enfrentar os homens de negócios, assim como a maior parte das universidades americanas. Todo professor deveria, no início do curso, passar uma lista dos livros a serem lidos com toda a atenção e um breve apanhado sobre outros livros, dos quais alguns poderão gostar e outros não. Ele deveria propor questões que só pudessem ser respondidas por meio da percepção inteligente dos pontos importantes de cada livro. E deveria conversar com os alunos individualmente depois de cada tarefa. Uma vez por semana, ou de quinze em quinze dias, o professor deveria receber os alunos que quisessem falar com ele e ter conversas informais sobre temas mais ou menos conectados a seus trabalhos. Tudo isso não chega a ser muito diferente da prática das universidades mais antigas. Se o aluno prefere fazer ele próprio um trabalho, diferente do proposto pelo professor, mas com o mesmo grau de dificuldade, ele deve ter a liberdade para fazê-lo. Pode-se julgar a engenhosidade dos alunos com base em seus trabalhos.

Há, porém, um ponto de grande importância. Todo professor de universidade deveria se dedicar à pesquisa e ter bastante tempo livre e energia para acompanhar o que vem sendo feito acerca de sua matéria em todos os países. No ensino universitário, a habilidade pedagógica já não é importante; o que importa é o conhecimento da matéria e a perspicácia de saber o que vem sendo feito nela. E isso é impossível para um homem sobrecarregado de trabalho e com os nervos exaustos pelo ensino. Dessa forma, é provável que sua matéria se torne desagradável, e seu conhecimento quase certamente se limitará ao que ele aprendeu na juventude. Todo professor universitário deveria passar um ano sabático (a cada sete anos) em uma universidade estrangeira ou tomando, de alguma outra forma, conhecimento do que se faz no resto do mundo. Essa prática é comum nos Estados Unidos, porém os países europeus têm orgulho intelectual demais para admitir que seja necessária. Estão equivocados. Os homens que me ensinaram Matemática em Cambridge desconheciam quase inteiramente a matemática continental dos vinte ou trinta anos anteriores; durante todo o ciclo básico, sequer ouvi falar de Weierstrass. Foi só em uma viagem, tempos depois, que entrei em contato com a matemática moderna. Meu caso não foi raro nem excepcional. Poderíamos dizer coisas semelhantes de muitas universidades em muitos períodos.

Nas universidades, há uma certa oposição entre os que se preocupam mais com o ensino e os que se preocupam mais com a pesquisa. Esse fato se deve, quase inteiramente, a uma concepção equivocada do ensino e à presença de muitos estudantes cuja capacidade e engenhosidade estão abaixo do nível que se deveria exigir como condição de ingresso nessas instituições. Até certo ponto, a ideia do velho mestre ainda persiste em algumas universidades. Há um desejo de exercer um bom efeito moral sobre os estudantes e uma vontade de adestrá-los com informações inúteis e ultrapassadas, que se sabem falsas, mas que, supostamente, elevam a moralidade. Não se deve exortar os estudantes a trabalhar, no entanto também não se pode permitir que permaneçam na universidade quando descobrimos que estão ali perdendo tempo, seja por preguiça ou por falta de competência. Na universidade, a única moral que lhes pode ser imposta com proveito é a do trabalho; o resto cabe aos anos anteriores. E a moralidade do trabalho deve ser imposta pelo afastamento daqueles que não a seguem, pois, evidentemente, eles estariam mais bem empregados em outro lugar. Não se deve esperar que o professor trabalhe por longas horas apenas no ensino; ele precisa ter bastante tempo de sobra para a pesquisa; deve-se esperar, porém, que ele empregue esse tempo com sabedoria.

Quando consideramos as funções das universidades na vida da humanidade, vemos que a pesquisa é, no mínimo, tão importante quanto a educação. O conhecimento novo é a principal causa do progresso e, sem ele, o mundo logo se tornaria estacionário. O mundo poderia continuar melhorando, por um tempo, com a difusão e o emprego mais amplo dos conhecimentos existentes, mas esse processo, por si só, não duraria muito. E até mesmo a busca pelo conhecimento, se este fosse apenas utilitário, não poderia se autossustentar. O conhecimento utilitário precisa frutificar pela investigação desinteressada, que não tem nenhum objetivo além do desejo de compreender melhor o mundo. Todos os grandes avanços são, no começo, puramente teóricos e só depois é que se provam suscetíveis a aplicações práticas. E, mesmo que algumas teorias esplêndidas jamais encontrem aplicação prática, elas ainda terão valor por si próprias, tendo em vista que a compreensão do mundo é um bem supremo. Se a ciência e a organização conseguirem satisfazer as necessidades do corpo e abolir a crueldade e a guerra, a busca do conhecimento e da beleza poderá subsistir para exercitarmos nosso amor pelas criações vigorosas. Eu não gostaria que o poeta, o pintor, o compositor ou o matemático se preocupassem com algum efeito remoto de suas atividades no mundo da prática. Bem ao contrário, eles devem se ocupar com a busca de uma visão, com a captura e fixação de algo que eles vislumbraram por um instante, que eles amaram com tanto ardor que empalideceu as alegrias do mundo. Toda grande arte e toda grande ciência nascem do desejo apaixonado de corporificar o que antes era uma sombra insubstancial, uma beleza sedutora que atrai os homens para longe da segurança e da comodidade e os arrasta para um tormento glorioso. Os homens em quem essa paixão existe não podem ser acorrentados pelos grilhões de uma filosofia utilitarista, pois a seu ardor devemos tudo o que há de grandioso na humanidade.

19.
Conclusão

No fim de nossa jornada, olhemos para trás, por sobre o caminho percorrido, a fim de ver o panorama do território que atravessamos.

O que o educador precisa é de conhecimento exercido com amor, e é isso o que o aluno deve receber. Nos primeiros anos, o amor pelos alunos é da maior importância; nos últimos anos, o amor pelo conhecimento se torna cada vez mais necessário. No início, o conhecimento mais importante está na fisiologia, na higiene e na psicologia, dos quais o último concerne mais especialmente ao professor. Os instintos e reflexos com os quais a criança nasce podem ser desenvolvidos pelo ambiente para se transformarem nos mais diversos hábitos e, portanto, nas mais diversas personalidades. A maior parte dessa transformação se dá na primeira infância; por consequência, é nesse período que podemos ter mais esperanças de formar um bom caráter. Aqueles que apreciam os males existentes gostam de afirmar que a natureza humana é algo que não se pode mudar. Se, com isso, querem dizer que não se pode mudá-la depois dos 6 anos, há uma certa verdade no que afirmam. Se querem dizer que nada pode ser feito para alterar os instintos e reflexos com os quais o bebê nasce, eles estão, novamente, mais ou menos certos, embora a eugenia possa – e talvez venha – produzir resultados notáveis também nesse campo. Mas, se querem dizer, como usualmente o fazem, que não há maneira de gerar uma população adulta cujo comportamento seja radicalmente distinto daquele visto nas populações atuais, eles estão contrariando toda a psicologia moderna. Dois ambientes distintos na primeira infância podem transformar duas crianças nascidas com o mesmo caráter em adultos com disposições totalmente diferentes. Cabe à primeira educação treinar os instintos para que estes possam produzir um caráter harmonioso, construtivo ao invés de destrutivo, afetuoso ao invés de intratável, e também corajoso, franco e inteligente. Pode-se fazer tudo isso com a grande maioria das crianças; na verdade, já vem sendo feito onde as crianças são corretamente tratadas. Se usássemos os conhecimentos existentes e aplicássemos os métodos testados, poderíamos, no espaço de uma geração, produzir uma população quase completamente livre da doença, da malevolência e da estupidez. Mas não o fazemos, porque preferimos a opressão e a guerra.

O material bruto do instinto está suscetível a produzir, na maioria dos aspectos, tanto as ações desejáveis quanto as indesejáveis. No passado, os homens não compreendiam o treinamento dos instintos e, em consequência, viam-se obrigados a recorrer à repressão. O castigo e o medo eram os grandes incentivos para o que se chamava de virtude. Hoje sabemos que a repressão é um método ruim, porque nunca funciona de verdade e porque produz desordens mentais. A educação dos instintos é um método totalmente diferente, que envolve uma técnica totalmente diferente. Os hábitos e a habilidade abrem, por assim dizer, um canal para o instinto, levando-o a fluir por um lado ou por outro, de acordo com a direção do canal. Criando os hábitos certos e a habilidade certa, fazemos com que os instintos da criança se lancem, por si mesmos, a ações desejáveis. Não existirá na criança nenhuma sensação de esforço, porque não há necessidade de resistir a tentações. Não há tolhimento, e a criança sentirá uma espontaneidade irrestrita. Não quero que essas afirmações sejam tomadas em sentido absoluto; sempre haverá contingências imprevistas, nas quais os métodos mais antigos poderão se provar necessários. Mas, quanto mais a psicologia da criança se aperfeiçoar e quanto maior for a experiência que adquirirmos nas escolas maternais, mais perfeita será a aplicação dos novos métodos.

Tentei trazer ao leitor as possibilidades maravilhosas que hoje se abrem diante de nós. Pense no que elas significariam: saúde, liberdade, felicidade, bondade e inteligência quase universais. Se quisermos, poderemos, em uma geração, conquistar o milênio.

Mas nada disso pode se dar sem amor. O conhecimento existe; contudo a falta de amor impede que seja aplicado. Às vezes, a falta de amor pelas crianças me leva ao desespero — quando, por exemplo, vejo que todos os nossos reconhecidos líderes morais não fazem nada para prevenir o nascimento de crianças com doenças venéreas. Ainda assim, há uma liberação gradual de amor pelas crianças, que, sem dúvida, é um de nossos impulsos naturais. Séculos de ferocidade sobrepujaram o que há de naturalmente amável nas disposições de homens e mulheres comuns. Só muito recentemente é que a Igreja deixou de proclamar a danação das crianças não batizadas. O nacionalismo é outra doutrina que seca as fontes da humanidade; durante a guerra, fizemos quase todas as crianças alemãs sofrer de raquitismo. Não podemos perder nossa bondade natural; se uma doutrina exige que inflijamos o sofrimento às crianças, devemos rejeitá-la, por mais cara que ela nos seja. Em quase todos os casos, o medo é a fonte psicológica das doutrinas cruéis; essa é uma das razões pelas quais insisti tanto na eliminação do medo na infância. Arranquemos pela raiz os medos que se escondem nos cantos escuros de nossas mentes. As possibilidades de um mundo feliz que se abrem na educação moderna fazem com que valha a pena correr alguns riscos pessoais, mesmo se esses riscos fossem mais reais do que são de fato.

Quando tivermos criado jovens livres do medo, das inibições e dos instintos rebeldes ou reprimidos, seremos capazes de lhes abrir o mundo do conhecimento, livre e completamente, sem cantos escuros e escondidos; e, se a educação tiver sido ministrada com sabedoria, receber esse mundo será uma alegria, e não um sacrifício. Não é importante ensinarmos mais do que hoje aprendem os filhos dos profissionais liberais. O importante é o espírito de aventura e liberdade, a sensação de se lançar em uma viagem de descobertas. Se a educação formal ocorrer sob esse espírito, todos os alunos mais inteligentes irão complementá-la com seus próprios esforços, para os quais devemos proporcionar todas as oportunidades. O conhecimento é o libertador do império de forças naturais e paixões destrutivas; sem o conhecimento, não podemos construir o mundo de nossas esperanças. Uma geração educada pela liberdade destemida terá esperanças maiores e mais corajosas do que as possíveis para nós, que ainda temos de lutar contra os temores supersticiosos que nos espreitam logo abaixo do nível de consciência. Nós não o veremos, mas os homens e mulheres livres que devemos criar contemplarão o mundo novo, primeiro em suas esperanças e depois, por fim, no pleno esplendor da realidade.

O caminho está claro. Será que amamos nossos filhos o bastante para trilhá-lo? Ou os deixaremos sofrer como nós sofremos? Vamos deixar que sejam retorcidos, atrofiados e apavorados na juventude, permitir que depois sejam mortos nas guerras fúteis que sua inteligência acovardada não conseguirá evitar? Mil medos antigos obstruem o caminho para a felicidade e a liberdade. Mas o amor pode dominar o medo e, se amarmos nossas crianças, nada fará com que lhes recusemos o grande dom que temos o poder de outorgar.

Referências bibliográficas

BALLARD, P. B. *The Changing School.* London: Hodder and Stoughton, 1925.

BOUSFIELD, P. *Sex and Civilization.* London: Kegan Paul, Trench, Trübner & Co., 1925.

CAMERON, H. C. *The Nervous Child.* New York: Oxford University Press, 1924.

MCMILLAN, M. *The Nursery School.* London/Toronto: J. M. Dent and Sons; New York: E. P. Dutton & Co., 1919.

_____. *The Camp School.* London: George Allen & Unwin, 1917.

MONTESSORI, M. *The Montessori Method:* Scientific Pedagogy as Applied to Child Education in "The Children's Houses". [S.l.]: Heinemann, Frederick A. Stokes Company, 1912. [Ed. bras.: *Pedagogia científica:* a descoberta da criança. Trad. Aury Azélio Brunetti. [S.l.]: Flamboyant, 1965.]

RIVERS, W. H. R. *Instinct and the Unconscious:* a Contribution to a Biological Theory of the Pshyco-Neuroses. London: Cambridge University Press, 1920.

STERN, W. *Psychology of Early Childhood.* London: George Allen & Unwin, 1924.

TUOHY, Captain F. *The Secret Corps:* a Tale of Inteligence on All Fronts. London: John Murray, 1920.

VEBLEN, T. *The Theory of the Leisure Class:* An Economic Study of Institutions. London: George Allen & Unwin, 1899. [Ed. bras.: *A teoria da classe ociosa*. Trad. Olívia Krähenbühl. São Paulo: Nova Cultural, 1987.]

WATSON, J. B.; WATSON, R. R. Studies in Infant Psychology. *Scientific Monthly*, Washington, v.13, p.493-515, dez. 1921.

SOBRE O LIVRO

Formato: 14 x 21 cm
Mancha: 23 x 44 paicas
Tipologia: Venetian 301 12,5/16
Papel: Off-White 80 g/m² (miolo)
Cartão Supremo 250 g/m² (capa)
1ª edição: 2014

EQUIPE DE REALIZAÇÃO

Capa
Marcelo Girard

Imagem da capa
Column at University of Virginia © Robert Llewellyn/Corbis

Edição de texto
Marina Ruivo (Copidesque)
Cecília Floresta (Revisão)

Editoração eletrônica
Sergio Gzeschnik (Diagramação)

Assistência editorial
Jennifer Rangel de França